国家出版基金项目
NATIONAL PUBLICATION FOUNDATION

乡村电子商务丛书

主 编 李 琪

乡村电子商务实务

张国友 编著

中原农民出版社

· 郑州 ·

图书在版编目（CIP）数据

乡村电子商务实务 / 张国友编著 .—郑州 ：中原农民出版社，2020.12
（乡村电子商务丛书 / 李琪主编）
ISBN 978-7-5542-2348-2

Ⅰ. ①乡… Ⅱ. ①张… Ⅲ. ①农村－电子商务－中国 Ⅳ. ①F724.6

中国版本图书馆CIP数据核字（2020）第225325号

乡村电子商务实务
XIANGCUN DIANZI SHANGWU SHIWU

出 版 人：刘宏伟
选题策划：朱相师
责任编辑：肖攀锋
责任校对：李秋娟
责任印制：孙 瑞
装帧设计：杨 柳 薛 莲

出版发行：中原农民出版社
地址：郑州市郑东新区祥盛街 27 号 7 层 邮编：450016
电话：0371 － 65788655（编辑部） 0371 － 65788199（营销部）
经 销：全国新华书店
印 刷：河南省邮电印刷厂
开 本：710 mm×1010 mm 1/16
印 张：16.5
字 数：178 千字
版 次：2021 年 1 月第 1 版
印 次：2021 年 1 月第 1 次印刷
定 价：66.00 元

乡村电子商务丛书

编委会

本书作者

编　著　张国友

参　编　徐雪枫　胡文康　李　娜　樊晶晶
　　　　刘　娜　邹宏璐　荣　琪　彭雪姣

总　序

为乡村振兴战略插上腾飞的翅膀

党的十九大报告中提出，要实施乡村振兴战略，促进农村一二三产业融合发展，拓宽增收渠道。随着“互联网 +”的兴起，乡村电子商务正逐渐成为农民增收致富的重要手段。电子商务（有时也简称“电商”）作为先进的生产力和生产方式正从城市走向农村，“电商扶贫”“上山下乡”取得了显著成就，带动了农村地区的经济发展，提高了农村居民生活水平和改善了农村生态环境。

多年来互联网技术的快速发展和电子商务的蓬勃兴起，正在重塑着城乡的经济社会发展面貌。尤其是对于乡村发展而言，对这种力量的需求更为迫切。广袤的农村蕴含着巨大的人力、资源富矿，需要的恰恰就是像淘宝、京东、拼多多等这样更能结合时代发展趋势的新平台、新方式。用科技改变农村面貌，尤其是深入触及乡村经济的结构化调整与升级，让农民摆脱单一的耕种生存模式，向现代化企业主、产业工人转型，成为近年来电子商务下乡热潮的驱动力。

首先，电子商务下乡不仅是经济层面的创新，更涉及其他宏观层面，例如对农村社会化、组织化建设的推动。这些年来，农民大多是一家一户在自己的田地上耕作，而广大“新农人”往往与地方政府联动，从当地优势产业发展出发，主打几类重点产品。由于乡村“新农人”背后连接着天猫和淘宝等电子商务平台，通过大数据、用户画像等路径，能够更为精准地了解用户需求，甚至根据数据曲线预判来年消费者需求变化，如此一来，各个“淘宝村”的农民就可以集中资源，按照需求与订单来提供对应农产品及其他产品。不少“新农人”已经发展成为中小企业管理者，可以整合其他农民的资金、土地、产品等，对内把控质量，对外树立品牌，统一产品输出。碎片化的农村单元逐渐发展成为组织化、系统化的中、小、微型企业运作，农民的角色和意识都实现了跨越式转型发展。

其次，电子商务下乡带来的是农村公共服务的现代化。城乡二元制的一大难题是农村公共资源配给少、层次不高。而乡村基层干部可调配的资源有限，不能为农民提供相匹配的公共服务。近年来，不少地方通过推动电子商务下乡工程，不仅为农民带来了新的创收途径，也在与电子商务的协同中实现了管理和服务的创新。比如更多农村干部逐步掌握了互联网知识，并向所在乡村农民普及互联网开放、平等、自由、共享的精神，以及以客户为中心的服务模式，开始贯穿到乡村的日常运转中，提高效能，以农民所需为本，一手抓现有资源聚合释能，一手抓从县乡政府到村委会的组织体制改革，最终形成了堪比城市的公共服务理念和绩效。

在国家政策的大力支持下，我国乡村电子商务发展迅猛，正在深刻改变着传统农产品流通方式，成为加快转变农业发展方式，完善农产品市场机制，推动农业、农村信息化发展的新动力，对发展现代农业、繁荣乡村经济、改善城乡居民生活的作用日益凸显。同时，由于多种原因，我国乡村电子商务发展仍处在初级阶段，面临着基础设施条件差，农产品标准化程度低、流通体系不完整、市场秩序不规范、诚信体系不健全、配套政策不完善等困难和问题，亟须提高认识，提出对策，采取有效措施切实加以解决。为此，我们专门组织策划了“乡村电子商务丛书”，以问题为导向，深层次、全方位地阐述乡村电子商务在我国乡村振兴战略实施进程中应当发挥的更加积极的作用，为乡村振兴战略顺利实施插上腾飞的翅膀。

“乡村电子商务丛书”第一辑的内容涵盖了《县域电子商务干部读本》《乡村互联网金融》《乡村电子商务概论》《大学生村官电子商务》《邮政乡村电子商务》《农产品电子商务》《种植养殖业电子商务》《乡村旅游电子商务》《乡村电子商务实务》共计9卷。“乡村电子商务丛书”的撰写汇聚了国内相关领域的权威专家和学者，历时两年多完成初稿，获得了2019年度国家出版基金的资助，经专家委员会论证、修改、完善，最后由中原农民出版社审定出版。

“乡村电子商务丛书”的出版能够进一步梳理我国乡村电子商务发展的轨迹，总结乡村电子商务发展经验，探讨乡村电子商务形成规律，整理乡村电子商务发展模式，发现和探讨乡村电子商务存在的问题，推动我国乡村电子商务高质量发展，助力乡村振兴战略顺利实施！

“乡村电子商务丛书”可积极参与国家电子商务专业技术人才知识更新工程，开展新型农业经营主体培训，让专业大户、家庭农场、农民合作社等新型农业经营主体、高素质农民和农业企业负责人掌握农产品和农业生产资料网上经营策略和技巧，为培养一批有理论和实践能力的乡村电子商务人才和切实提高新型农业经营主体电子商务应用能力提供智力支持。该丛书采用彩色印刷，图文并茂，配置了模块化阅读内容，让读者在轻松阅读的基础上快速、便捷地掌握乡村电子商务专业知识，进而服务于产业、生产、经营等现代农业体系。

教育部电子商务类专业教学指导委员会副主任委员
中国信息经济学会副理事长、电子商务专业委员会主任
西安交通大学经济与金融学院教授

2020 年 12 月

前　言

大力发展乡村电子商务，与脱贫攻坚和乡村振兴战略高度契合，乡村电子商务的发展前景无限广阔。乡村电子商务与农村电子商务、县域电子商务、农产品电子商务、农业电子商务等有着或多或少的重叠，有时无法严格地去区分界定。

在21世纪，互联网经济成为主流，乡村电子商务应运而生。长期以来，广大农村地区的经济发展相对缓慢，经常出现增产不增收、农产品销售难等问题，其主要原因在于农村信息化发展缓慢，信息不对称，农民很难掌握市场信息。而乡村电子商务的优势在于不受时空限制，突破了传统农产品交易渠道的限制，能让农民这样的小生产者直接对接大市场，减少交易环节，节省交易成本，扩大交易范围，提高交易效率，为农民的经济活动和日常生活提供了更好的服务，这使得农村、农业、农民的发展有了新的机遇和突破。本书在对乡村电子商务的发展现状进行分析的基础上，提出了乡村电子商务未来的发展趋势和主要策略。在当代电子商务的发展大潮中，农业涉猎电子商务是社会浪潮推动的必然结果，同时也是农业发展前进的方向。

城市化进程在不断推进，但中国的乡村发展相对迟缓。电子商务的发展应用对于重新振兴乡村，正发挥着无可替代的作用。

乡村，中国人的精神家园，寄托着亿万中国人的乡愁。现在，经过互联网的改造、冲击和涤荡，未来的中国乡村必将继续焕发勃勃生机！

本书由张国友教授编著。其中，樊晶晶进行了第一章、第三章的资料收集和整理，刘娜进行了第二章的资料收集和整理，李娜进行了第四章第五节的资料收集和整理，徐雪枫提供了第五章书稿，荣琪进行了第六章的资料收集和整理，彭雪姣进行了第七章的资料收集和整理，胡文康进行了第八章的资料收集和整理。

本书参考了多种文献资料，虽主要参考物尽力列出，仍难免有所遗漏。谨致谢，并请读者批评指正。

编著者

2020 年 7 月

目 录

Contents

第一章
乡村电子商务概述

导读

在 21 世纪，互联网经济成为主流，电子商务的迅猛发展及其在社会生活中的广泛应用，使我国电子商务环境日趋成熟和稳定，此时乡村电子商务也在进一步发展中。广大农村地区的经济发展相对较慢，经常出现增产不增收、农产品销售难等问题，主要原因在于农村信息化发展缓慢，信息不对称，农民很难掌握市场的需求信息。而乡村电子商务的优势在于不受时空限制，突破了传统农产品交易渠道的限制，能让农民这样的小生产者直接对接大市场，减少交易环节，节省交易成本，扩大交易范围，提高交易效率，为农民的经济活动和日常生活提供了更好的服务，这使得农村、农业、农民的发展有了新的机遇和突破。

知识架构

- 乡村电子商务概述
  - 乡村电子商务的基本理论
  - 乡村电子商务回顾
  - 乡村电子商务的现状
  - 乡村电子商务的发展前景与趋势

第一节　乡村电子商务的基本理论

一、乡村电子商务的相关概念

（一）电子商务的含义

究竟什么是电子商务，专家学者和专业机构团体从不同的角度提出了自己的观点。联合国经济合作与发展组织 (OECD) 在有关电子商务的报告中给出的定义是：电子商务是发生在开放网络上的包含企业之间、企业和消费者之间的商业交易。美国政府在其《全球电子商务纲要》中比较笼统地指出，电子商务是通过互联网进行的各项商务活动，包括广告、交易、支付、服务等活动；全球电子商务会涉及各个国家，他们认为电子商务对全球各个国家都将产生重要影响。加拿大电子商务协会认为电子商务通过数字通信进行商品和服务的买卖以及资金的转账，它还包括公司之间以及公司内部利用电子邮件、传真、视频会议、远程计算机联网所实现的全部功能(如市场营销、金融结算、销售以及商务谈判等)。2007 年，国家发展和改革委员会、国务院信息化工作办公室联合发布的《电子商务发展“十一五”规划》中电子商务的定义是网络化的新兴经济活动，即基于互联网、广播电视网和电信网络等电子信息网络的生产、流通和消费活动，而不仅仅是基于互联网的新型交易或流通方式。这些不同的表述，差异主要体现在两个方面：作为工具的“电子”手段包括哪些，狭义的只指互联网，广义的还包括电话、电视等手段；作为目的的“商务”，狭义的只指交易、买卖，广义的还有各种业务或事务。这样，“电子”与“商务”不同形态的组合，会有四种互有差异的“电子商务”。本文对不同版本的电子商务定义进行了综合解读，粗略认为狭义的电子商务是通过互联网买卖商品和服务的交易活动；而广义的电子商务是指运用一切电子工具和技术进行的全部商务活动，亦称作电子商业或者电子业务，它可以发生在个人之间、公司之间、公司内部以及公司与客户之间。

（二）乡村电子商务及相关概念

1. 乡村电子商务

乡村电子商务与一般电子商务的共性在于，两者都是通过互联网电子商务平台销售产品，但乡村电子商务更突出的特点在于它销售的是农村生产的产品，而电子商务则是指通过电子商务平台销售所有的产品。乡村电子商务是电子商务概念的延伸，二者是包含与被包含的关系。一方面，乡村电子商务发展中使用的技术、销售形式等均与电子商务一致，都是使用现有的计算机技术、网络通信技术，都是通过在线支付的形式选择自己喜欢的商品并购买，都是通过物流的方式将商品从销售者转移到消费者手中，销售商和消费者并不会当面接触，销售的过程均在电子商务平台上进行。另一方面，不同于电子商务销售范围的广泛性，乡村电子商务主要是指在农村地区通过电子商务平台销售或者购买产品，乡村电子商务的发展更多的是为了推动农村经济的发展，扩大农村地区产品的销售途径，增加农民的收入。

2. 县域电子商务

广义上的县域电子商务是指在县域范围内，以计算机网络为基础，以电子化方式为手段，以商务活动为主体，在法律许可范围内所进行的商务活动过程。狭义的县域电子商务指在县域范围内进行的网络销售和网络购物活动，即通过网络完成支付和下单的商业过程。发展县域电子商务可让城镇居民获得来自农村的优质农产品，让城里高质量的商品进入农村,加速城乡之间的商品流通。可以预见，电子商务可以改变乡村、城市间的传统优势和竞争格局，为落后地区跨越式发展提供新的可能。

《2020全国县域数字农业农村电子商务发展报告》对全国农业农村生产现状、县域电子商务发展现状、发展特点、面临的挑战进行了深入分析，预测了未来县域电子商务市场的发展趋势。旨在加强政策引导，加快以创新驱动推动县域电子商务高质量发展，加快建设数字农业农村，缩小城乡间的数字鸿沟，推进数字技术与农业农村深度融合。

目前，县域电子商务公共服务体系明显改善，电子商务扶贫工作深入推进，新业态、新模式不断涌现，农村居民消费升级明显，农村产业数字化转型加快。县域电子商务蓬勃发展，但仍然面临着县域电子商务发展不平衡、农产品上行供应链保障能力薄弱、农产品品牌影响力弱、农业农村数字化水平较低、县域电子商务人才匮乏等方面的挑战。未来我国将继续加快实施数字乡村战略，助力乡村振兴。大力发展数字农业，推动农业数字化产业转型，提升乡村电子商务产业链，加快推进农产品品牌建设，加强县域电子商务人才培训，推动创业就业，推进县域电子商务高质量发展。

县域电子商务应该包括该县域的乡村电子商务或农村电子商务。

3.农产品电子商务

农产品电子商务是指将电子商务等现代信息技术和商务手段引入现行的农产品生产、经营中，以保证农产品信息收集与处理的有效畅通，通过农产品物流、电子商务系统的动态策略联盟， 建立起适合网络经济的、高效能的农产品营销体系。农产品电子商务包括农业生产管理、农产品网络营销、电子支付、物流管理以及客户关系管理等。随着网络的日益普及和电子商务的快速发展，尤其是电子商务具有减少流通环节、降低流通成本的特点，农产品电子商务日益受到人们的关注。近年来,在国家和各地各级农业部门的引导下，涉农电子商务得到了一定程度的发展。有数据显示，目前全国涉农网站已达数万家。但是,我国农产品电子商务才刚刚起步,商务模式、体制等仍不完善，因此我国的农产品电子商务发展壮大必然是一个渐进的过程。

4.农业电子商务

农业电子商务与乡村电子商务之间既相互区别又存在一定联系。农业电子商务是不包含工业品在内的贸易行为，销售的对象仅为农产品以及与农业相关的种子、农药、化肥等,参与的对象主要是农民、农资农具生产者、农产品的经销商以及农产品的消费者。乡村电子商务是指包括一切农业电子商务以及和农民在农村地区进行生产产品相关的电子商务活动。二者的区别在于农业电子商务包含的仅仅是与农业领域相关的电子商务营销，而乡村电子商务的范围则非常广泛，包括所有从农村生产并通过电子商务形式进行销售的各种活动。比如“沙集模式”中生产的家具产品是在电子商务平台销售的，也是乡村电子商务。

以上概念或术语互相之间有包含关系，也有交叉关系。如果分别以它们为统计量，统计范围应该都有些差别。本书在写作时，虽然研究对象是乡村电子商务，但是引用的材料或者数据有来自农村的、农业的、农产品的，或者县域的，由于这些概念内涵重复的比重很大，所以在行文或引用时，大多数时候并未严格区分。

（三）“互联网 +”及相关概念

1.“互联网 +”

“互联网 +”是互联网融合传统商业并且将其改造成具备互联网属性的新商业模式的一个过程。“互联网 +”代表一种新的经济形态，即充分发挥互联网在生产要素配置中的优化和集成作用，将互联网的创新成果深度融合于经济社会各领域之中，提升实体经济的创新力和生产力，形成更广泛的、以互联网为基础设施和实现工具的经济发展新形态。“互联网 +”有以下几层含义：

（1）“互联网思维 +” 随着互联网商业模式的长期发展，很多互联网企业积累了大量的案例及数据，足以让他们总结出一套适合自身发展的方法论，这个方法论就可以看作互联网思维。互联网思维是互联网企业总结出来的，更适合线上的商业模式，所以不太适合传统企业的线下经营。“互联网 +”要求传统企业先了解互联网思维，然后再结合实际情况探索出新的商业模式。

（2）“互联网渠道 +” 在一部分互联网人的眼中，互联网是个工具。互联网作为工具，最大的贡献就是在互联网 2.0 时代到来以后，成为一个企业商业营销及交易的新渠道。这个渠道跟其他的线下渠道一样，但效率更高，在线支付使得购买商品更加容易，在线选货的种类更多，重要的是互联网渠道让商家的市场扩大，冲破了地域概念，不用区域代理机制也能把货卖到更远的地方。

（3）“互联网平台（生态）+” 互联网发展到 3.0 时代，进入了“互联网 + 综合服务”的时代。大型的互联网商家看不上本源市场不够大的行业，但是很多行业是需要互联网服务的。大型商家们干脆选择做出一个只服务于卖家与买家的网站，而自身不从事这个行业，这就是我们当前看到的各大平台。电商平台、物流平台、社交平台、广告平台等各种平台应有尽有，现在这些平台开始垂直细分化，出现了美妆、生鲜、酒类、鞋类等更专业的平台。它们的本质都是电商，融合社交、物流、营销等工具，为买家和卖家提供最大化的服务，其盈利模式是赚取服务费。

这些平台后来越做越大，已经不限于自身起家的行业，通过平台吸引更多的技术、服务提供商，开始跨界发展，譬如社交平台会做游戏、电商及硬件等，电商平台也会做文学、电影及体育等。这些平台几乎会做当前能见到的各种热门行业的业务，一些看似不相干的业务也因其战略发展需要而被纳入旗下。实现方式主要是通过与其他商家合作及收购、并购。它们自身能做的自己做，不能做的或者不愿意做的交给别人做，从而由共同的价值链组成与自然生态类似的互联网生态。

传统企业融合“互联网 +”，一方面可以自己做平台或生态，另一方面在早期也可以加入某个平台或生态，做那些平台不愿做或者不想做的，从而通过平台及生态战略来实现企业的初步转型。平台会为企业提供足够多的帮助与支持，大部分企业会选择两条腿走路，一条是平台及生态的入驻，另一条则是企业自身的探索，这样可以规避转型不成功带来的风险。

2.“万物互联 +”

“万物互联 +”也可以称作“物联网 +”。虽然现在到处都是智能硬件，到处都讲物联网，要实现真正的“万物互联 +”，还有很长的路要走，这是未来的“互联网 +”形态。“互联网 +”之所以被提出来，也正是因为将来会是万物互联的时代，从商业到物，到人，再到事，所有东西都是被连接起来的，未来还会有更多的商业模式出现，这也会是“互联网 +”的最终目标。因为到那个时代，商业及企业已经不分线上与线下，整个社会都是一个“大一统”的状态，也就不会再有所谓的企业转型之谈，“互联网+”也就完成了其使命。

二、乡村电子商务发展的条件

随着电子商务与物流的迅猛发展,城市的市场已经逐渐被占据，各个电子商务企业开始将目光转向农村。冷链物流的发展实现了农产品的长距离运输。农村网民进一步增加，为电子商务在农村的发展提供了机遇。农村地区的人均收入增长迅速，城乡差距缩小，农村市场具有巨大的潜力。电子商务相对于传统的商务，突破了时间和空间的限制，为农产品提供了更多的销路。同时消除了信息不对称性，可以尽量避免不公平交易带来的损失，可以提高农民参与的积极性。

2015 年 10 月 14 日，国务院总理李克强主持召开国务院常务会议，决定完善农村及偏远地区宽带电信普遍服务补偿机制，缩小城乡数字鸿沟；部署加快发展乡村电商，通过壮大新业态促消费惠民生；确定促进快递业发展的措施，培育现代服务业新增长。

第二节　乡村电子商务回顾

一、2017 年与 2018 年的比较

2018 年 10 月 12 日，第三届中国农村电子商务大会在浙江丽水举行。大会发布了《中国农村电子商务发展报告（2017—2018）》（以下简称《报告》）。《报告》认为，乡村电子商务在全国大面积普及的同时,已经开始触碰到了一些发展瓶颈,走到了一个历史转折点。在这个时间点之后，乡村电子商务将告别野蛮生长时代，逐步进入转型发展的新阶段。

数据显示，截至2018年6月，我国农村网民占比为26.3%，规模为2.11亿人，较2017年年末增加1.0%；城镇网民占比73.7%，规模为5.91亿人，较2017年年末增加4.9%。我国不断推进城镇化进程，使得城镇人口不断增加，农村人口不断减少，城乡网民结构受此影响也发生了细微变化。

《报告》显示，2018年上半年，农村地区网络零售规模不断扩大，全国农村网络零售额达到6 322.8亿元，同比增长34.4%，占全国网上零售额的比重为15.5%，增速高于全国水平4.3个百分点。从历年统计数据来看，与前几年近乎年均100%的增速对比，2017~2018年乡村电商增速实际有所放缓。

数据表明，相比于城市电商，乡村电商的发展仍有一些差距，电商生态环境仍有待改善。

从地区分布来看，东部地区农村网络零售市场份额远远领先于其他地区，达到78.63%；东北地区乡村电商发展较为落后，发展空间大。

《报告》认为，2017~2018年，我国乡村电子商务正在经历四大转变过程：从工业品下行向农产品上行转变，从单纯的电子商务交易向农村综合服务转变，从注重农村经济发展向助力美丽乡村建设转变，从电子商务公益扶贫向可持续的系统性扶贫转变。

据悉，自2016年举办首届中国农村电子商务发展大会以来，中国国际电子商务中心每年都会在会上发布《中国农村电子商务发展报告》。报告的重点除了公布一年来农村电子商务发展的相关数据，更多的是客观呈现一年来农村电子商务的发展现状，提出当前农村电子商务发展中存在的突出问题以及对未来的预判。

二、2018 年与 2019 年的比较

2019 年 3 月 18 日，在中国农产品电商高层研讨会上，中国食品（农产品）安全电商研究院院长洪涛在研讨会上发布了《2019 年中国农产品电商发展报告》。报告显示，2018 年是农产品电商融资高峰年，农产品 B2B 电商具有规模大、机会多、风险小等特点，成为资本争相追逐的焦点，2018 年，汇通达、美菜网、望家欢、农信互联等十大农产品 B2B 电商平台融资总金额超 100 亿元。

我国农产品电子商务体系包括网上农产品期货交易、网上农产品期权交易、大宗农产品电子交易、农产品网络零售交易、实体企业 O2O 交易、农产品网上交易会等，即所谓农产品电商的“金字塔”结构体系（图 1–1）。

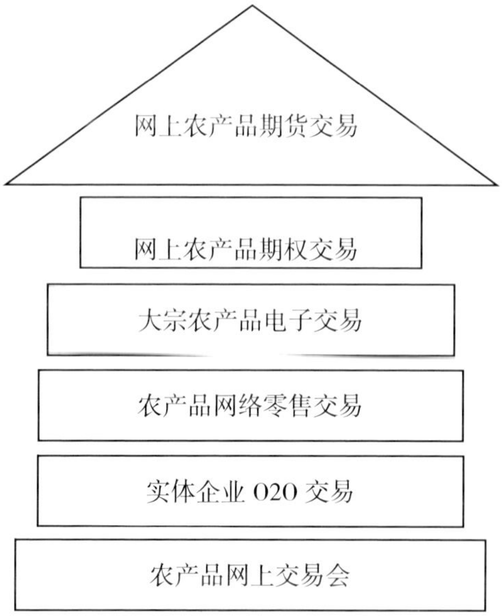

图 1–1　我国农产品电商的“金字塔”结构体系

（一）农产品期货交易

2018 年，大连、郑州、上海三个期货市场的农产品期货交易达

到 9.28 亿手，交易额达到 47.37 万亿元。具体来说，郑州商品交易所从 1990 年现货起步发展期货交易，现有农产品期货品种包括强麦、普麦、棉花期货、棉花期权（2019）、白糖期货、白糖期权、菜籽油、早籼稻、油菜籽、油菜粕、粳稻、晚籼、棉纱、鲜苹果。大连商品交易所现有农产品期货品种包括玉米、玉米淀粉、黄豆一号、黄豆二号、豆粕、豆油、棕榈油、胶合板、纤维板、鸡蛋品种、豆粕期权、玉米期权（2019）。上海期货交易所现有农产品期货品种包括天然橡胶期货、天然橡胶期权（2019）。

改革开放以来，中国恢复的期货交易与传统的交易方式不同，也与其他国家不一样，均采取撮合交易的方式。近几年来，中国期货市场先上市了鸡蛋（2013 年）、鲜苹果（2017 年）两个生鲜农产品，特别是鲜苹果期货在全球具有较大的影响力。

（二）农产品期权交易

大连、郑州两个期货市场的农产品分别有期权交易品种豆粕、白糖，均采取网上撮合交易的方式。2018 年交易 1 711.46 万手，交易额 127.27 亿元。

（三）大宗农产品电子交易与 B2B 电子交易模式

大宗农产品电子交易是 B2B 电子交易模式中的一种类型，1998 年我国粮食网上交易就是 B2B 交易，1999 年全国棉花交易也是 B2B 交易，都采取的是电子交易方式的批发交易方式。大宗农产品电子交易是大宗电子交易市场的重要组成部分，一般占 1/3 左右。如表 1–1 所示。

表 1–1　2013 ~2018 年我国大宗农产品电子交易市场一览表

年份	大宗电子交易市场数	大宗农产品电子交易市场数	交收额
2013	538 个	161 个	10 万亿元
2014	739 个	300 个	15 万亿元
2015	1 021 个	402 个	20 万亿元

续 表

年份	大宗电子交易市场数	大宗农产品电子交易市场数	交收额
2016	1 231 个	488 个	25 万亿元
2017	1 969 个	585 个	10 万亿元
2018	2 461 个	777 个	20 万亿元

2018 年我国各类农产品大宗商品实物交收额超过 20 万亿元，大宗农产品电子交易市场 777 家，约占大宗商品电子交易市场总数 2 461 个的 31.6%，其中种植品类市场 555 家、林产品类市场（含木材、纸浆等）85 家、畜牧禽类市场（含肉类、禽蛋、草业等）64 家、酒类产品市场 40 家、渔产品类市场 33 家。

2018 年采用 B2B 创新交易模式的有：广西糖网交易中心、重庆荣昌猪交易所、重庆咖啡交易中心、全国棉花交易市场、国家粮食交易中心、渤海交易中心等。各类交易场所清理整顿后公布了一批大宗商品交易中心：山东省的威海海洋商品交易中心、寿光果菜品种交易中心、齐鲁农产品交易中心、东亚畜牧现货产品交易中心、贵州黔中生态茶资源交易中心、贵州茶资源交易中心、贵州酱香酒交易中心、郑州肉类商品交易所、郑州棉花交易市场、陆羽国际茶叶交易中心等。

2018 年我国农产品 B2B 交易得到了迅速发展，出现了以网库、美菜网、一亩田、供销 e 家等为代表的农产品 B2B 交易平台模式。

1. 网库

网库于 1999 年成立，是一家建设不同的单品电商的服务性电商平台，属于 B2B 模式，网库平台有 1 900 万家注册中小企业会员，有 200 万家认证会员，其中活跃会员有 30 万家。网库构建了服务中小微企业的生态系统，为县域打造了特色农产品电商平台，如中国燕麦网、中国苹果网、中国大米网、中国黄花菜网、中国天麻产业网等垂直性的电商平台。2018 年网库成为产业互联网平台模式先锋，在全国具有较大的影响，也产生了较好的县域农产品电商助农的效果。

截至 2019 年 3 月，网库在全国 281 个县域建设了 319 个特色产业的垂直平台和落地运营服务中心，共整合了 662 家第三方服务机构共同通过各产业网平台服务了 20 多万家中小企业，2018 年累计通过产业电商实现近 1 500 亿元的企业间增量交易，其中农产品及农副产品交易占 60%。

网库的发展目标：在 600 个县域建设产业带基地，推动 600 个县域打造区域品牌、开展产业招商，其中 60 个产业总部基地；利用 600 个基地，打造 6 000 个单品产业网平台，推动 6 000 款各单品领域的优秀单品成为主导品牌；利用 6 000 个单品产业网平台，推动 60 万款单品，利用单品通获得单品的在线供应链价值和定制批发价值。

2. 一亩田

一亩田成立于 2011 年，是一家深耕农产品产地的移动互联网公司，成立以来，着眼于农产品的原货市场，打造了全国领先的农产品 B2B 诚信交易平台。

2018 年一亩田采用“APP+B2B”的移动网络模式，拥有 1 100 万用户，其中专业采购商 300 余万个；深入到 2 800 多个县，其中 824 个贫困县；对接 1.2 万种农产品，4.2 万个信息采集点实时发布信息。

（1）B2B 的买家和卖家无缝对接　一亩田立足于产地，采取 B2B 电商业态，促进了商家之间、公司之间、机构之间的农产品交易。其所形成的业务规模效应，有助于实现对农产品流通环节和分散的市场资源的整合。见表 1–2。

表 1–2　一亩田 B2B 的买家和卖家的无缝对接

B2B 业态模式中的卖家	B2B 业态模式中的买家
企业化种植基地	农产品批发商
农民专业合作社	加工企业
家庭农场	超市
农产品经纪人	餐饮连锁企业
种植大户	出口贸易企业

（2）充分利用移动 APP 网络技术提升交易效率　每天从价格采集点高频次发布行情信息，行情覆盖蔬菜、水果的主要品类。移动 APP 具有订单发布、抢单报价、信息展示、在线商谈、智能排名、精准匹配等一系列以大数据为核心的买卖撮合服务功能。提供电子订单、资金结算、信誉评价、纠纷处理等环节的服务，全程支持买家和卖家交易。提供物流、农用物资、农业技术等周边服务。

（3）促进县域农业产业化发展　在电商助力农业产业化发展方面，B2B 能更好地促进产地的规模化，提升组织能力，提升市场竞争力。依托专业化用户、全国性平台，整合线上线下资源，助力各地打造农产品区域公共品牌，提升农产品品质，做中国农业产业升级的推动者。建立优良的市场环境，发展传播新型农业经营主体的带动作用。县域农业产业化发展集中表现在 5 个方面，即市场竞争力、农产品上行、品牌建设、市场推广以及培训。

3. 美菜网

美菜网成立于 2014 年 6 月，隶属于北京云杉世界信息技术有限公司，是一家食材 B2B 自营电商——生鲜移动电商平台，致力于帮助全国近千万家餐厅做采购，缩短农产品流通环节，降低商户供应链成本，减少供应链人力成本。旨在打通流通环节，以流通串联生产者和渠道，降低损耗，提高效率。自 2014 年以来获得多轮融资，

2018 年 1 月再次获得融资，融资 4.5 亿美元，累计融资超过 8 亿美元。2017 年美菜网的业务覆盖全国近 50 个城市，2017 年果蔬产品销售超过 4 亿千克，农产品销售超过 100 亿元。2018 年年底，果蔬销售量是 9 亿千克，收入 220 亿元。平台每天销售鸡蛋 1 500 万枚（北京鸡蛋销售的 1/4 来自美菜网），土豆一天销售 50 万千克（500 吨），大米一天 100 万千克。

4. 供销 e 家

电子商务业务成为供销合作社系统经济平稳增长、高质量发展的新引擎。2018 年供销合作社系统实现销售总额 5.9 万亿元、利润 468 亿元，同比增长 8.7% 和 6%。供销合作社系统实现电子商务销售额 2 998 亿元，同比增长 28.5%。全系统电子商务企业有 1 571 家，开展电子商务业务的企业 3 354 家，电商对系统销售增长的贡献率为 14.1%。

供销合作社系统通过拓展农产品线上销售，整合线下物流资源，打造县、乡、村三级电商服务和物流配送体系，初步形成了具有供销社特色的全国农产品电商“一张网”。“供销 e 家”全国电商平台入驻商户 1.5 万家，带动 300 个县上线销售特色农产品，建设 300 多个县域电商运营和仓储配送中心，改建 3 万多家乡村电商服务站，实现线上农产品年销售额 58 亿元。

5. 乐村淘

乐村淘采取 B2B2C 模式，截至 2018 年 10 月底，业务已经覆盖全国 25 个省，接近 1 000 个县和 10 万个村。在此基础上，乐村淘继续将乐六集和特色馆作为工业品下行和农产品上行的两个基础规模业务，提升用户界面的友好度和订单运行的流畅体验，从农民消费群体的特征入手，将村级体验店合伙人的“五懂”（懂县情、懂村情、懂民情、懂商情、懂农情）优势发挥出来，继续在解决“买难”和“卖难”问题中不断创新。

乐村淘平台有“县域优品、规模互行、南北流通、买农惠农”的十六字经验。2018 年已经累计上线特色馆县域精品主推活动逾 30 场，2018 年度农产品上行规模同比保持平稳增长，并且在行业当中继续占据“农产品上行结构占比最高”的地位，目前年累计上行占比仍然超过 19%。

6. 宋小菜

宋小菜的模式是反向供应链，简单说就是从下游城市的批发市场收集订单汇集到上游，由供应商根据需求安排生产。这几年来，把生产端和最终的消费端更好地连接起来，真正形成了一个开放的平台，变成食材供应链的管理公司。

第一宋小菜做了一个蔬菜的标准商品数据库，从自然属性、商品属性和服务属性 3 个维度，把蔬菜从产品变成商品，这样上下游对于订单中的商品究竟是什么，有了一个统一的认知。第二是采用 APP 预售形式，下游客户下订单时已是全额付款、锁定订单，有了足够的数量，才能撬动上游的生产组织者进行按需生产。这也就是行业里通常所说的“吨位决定地位”。

有了集单、集采后，就可以实现从上游产地到下游销地的集送。这时候送的不是初级农产品，而是经过分级、加工的商品。流通环节的链条被缩短、加粗，效率大大提升。宋小菜在流通环节的损耗率，2018 年做到了 0.2%。宋小菜在山东和河南等供应商集聚地改造、运营了 100 多个冷库。

2018 年，宋小菜的销售量超过了 30 万吨，有 3 万个用户，1 万个供应商。是全国蔬菜垂直领域销售规模最大的 B2B 交易平台。

7. 中农网

自 2000 年起，中农易讯开始建立综合型技术研究与服务平台，并逐渐涉足生鲜、板材、白糖、茧丝、冷链等多个领域，建立起了多产业、多维度的供应链网络；2010 年中农网成立，依托多年的资源累积，中农网在 2010 年便获得了农产品 A 轮融资 1.2 亿元，此后 B 轮、C 轮融资也顺风顺水；2017 年 6 月，卓尔智联入主中农网，为其后续发展带来了强大助力。

中农网已服务 B2B 企业 10 760 家，服务新批发商户 70 124 家，同时服务 B2C 客户 471 182 个；2018 年中农网全年网站成交金额（GMV）突破 887 亿元。

中农网基于“产业互联网 + 供应链金融”，打穿农产品单品垂直领域的深耕细作和价值重构，开辟了一条产融共建之路。以农产品单品撮合平台为起点，中农网借力“区块链 +AI+ 大数据”，向多品类大宗农产品产业互联平台不断演变。

2019 年 1 月，以中农网为核心组建的大宗农产品区块链联盟正式启动，联盟整合了各企业在行业中的资源和优势，是中农网的区块链技术在农业领域中的创新应用。

8. 农产品集购网

农产品集购网是布瑞克农信集团旗下的大宗农产品现货交易 B2B 垂直电商平台，以变革大宗农产品流通贸易模式、助力农业转型升级为愿景。针对大宗农产品交易当中的供需两难、储运成本过高，以及交易风险高的痛点，农产品集购网提供了一站式的解决方案。

目前平台采购注册用户已超过 4 万余家，长期有采购行为的大型农贸商数量达 1 万余家。迅猛的发展势头令农产品集购网在短短几年内已发展成大宗农产品电子商务及第四方物流服务两大领域的标杆企业，农产品集购网电商平台自营销售额 2015 年达 10 亿元，2016 年达 40 亿元。由于企业进行经营战略调整，聚焦利润增长业务领域、精简规模，2017 年自营销售额为 26 亿元，实现利润增长过千万元。截至 2018 年 9 月，农产品集购网成交总额突破 300 亿元。

9. 其他 B2B 网络平台

其他 B2B 网络平台还有有菜、链菜、优配良品、海上鲜、良田、鲜易网、比菜价、果酷、好鲜生、玉米通、丰收侠、良田谷事、惠农网、菜库、分分钟等。

农产品电商由 B2B 交易类和网络零售类构成，其中网络零售所占比例只有 20% 左右，但是农产品网络零售的模式多、社会影响大，具有广泛性和敏感性。农产品网络零售模式多种多样（表 1–3）。

表 1–3　农产品网络零售模式一览表

模式	主要内容	模式	主要内容
B2C	农产品网站对消费者	C2F	订单农业
C2B	集合竞价定购模式	B2M	农产品企业根据客户需求建立网站
B2B2C	农产品产业链模式	M2C	农产品加工企业对消费者
C2C	农户对消费者	BMC	企业 + 中介平台（网络）+ 终端客户的模式
B2F/F2C	生产者（农户）对家庭	SOLOMO	农产品社交化模式
ABC	代理商—商家—消费者	CAS	社区支持农业
娱乐竞拍	农产品秒杀	P2C	生活服务平台
P2P	点对点、渠道对渠道、人对人、贸易伙伴对贸易伙伴	SNS–EC	农产品社交电商
B2S	分享式、体验式电商（俗称众筹）	跨境零售	跨境电商：海代、海淘、海批（批发）
O2O	线上与线下相融合		

第三节　乡村电子商务的现状

一、乡村电商的主要模式

乡村电商的主要模式见表 1–4。

表 1–4　乡村电商的主要模式

模式	内容	典型平台
B2C	农产品网站对消费者	京东、苏宁易购
C2B	集合竞价订购模式	拼多多
S2B2C	农产品供应链模式	中农网
C2C	农民对消费者	农村淘宝

二、乡村电商的市场规模

近年来，电商行业一直都是互联网经济的焦点之一，这种网购方式的异军突起，让更多的农村消费者不出门也能买到来自全国各地的产品。与此同时，农民也借助乡村电商模式获得了全新的致富机会。乡村电商在引领城乡消费内需、重塑产业结构、促进城乡协调发展方面起到了重要作用。

乡村电商通过网络平台嫁接各种服务于农村的资源，拓展了农村信息服务业务、服务领域，使之兼而成为遍布县、镇、村的“三农”信息服务站，为我国农业的发展做出了一定的贡献。乡村电商的选址大多数在县域内，以淘宝村为例，根据阿里研究院《中国淘宝村研究报告（2009—2019）》，截至 2019 年 6 月底，全国已有 4 310 个淘宝村、1 118 个淘宝镇。见图 1–2。

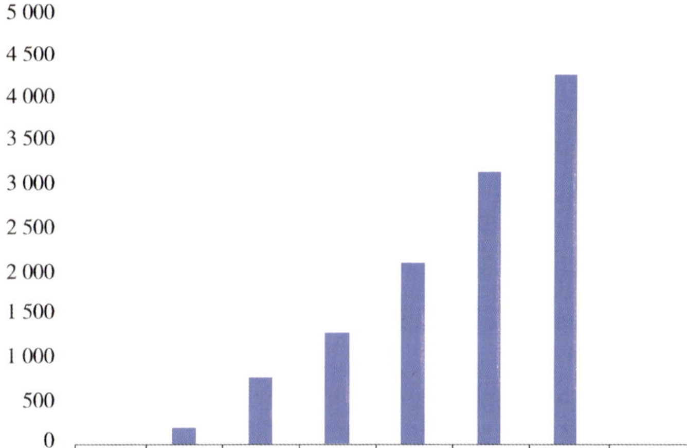

2013	2014	2015	2016	2017	2018	2019H1	年份
20	212	779	1311	2118	3202	4310	数量

图 1–2　中国淘宝村数量变化情况（单位：个）

据阿里研究院统计，淘宝村已经广泛分布于 25 个省、自治区、直辖市，且多位于东部沿海地区。全国淘宝村数量排名前十的省市为浙江省、广东省、江苏省、山东省、河北省、福建省、河南省、湖北省、江西省、天津市。淘宝村数量最多的为浙江省，截至 2019 年 6 月底达到 1 573 个，较 2018 年 10 月增加了 401 个；其次为广东省，达到 798 个，增加了 184 个。见图 1–3。

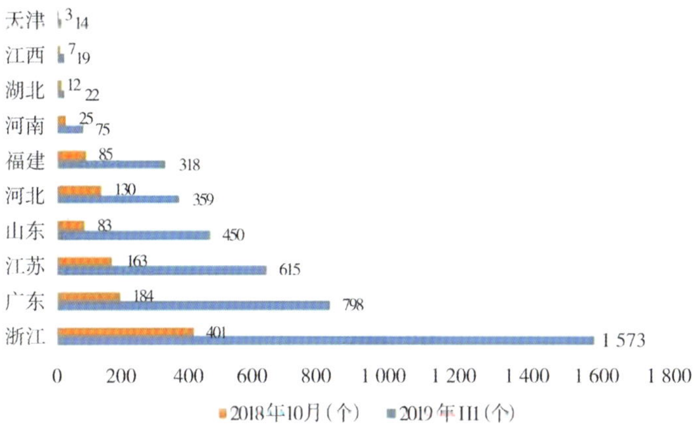

图 1–3　2018~2019 年全国淘宝村数量排名前十的省市数据对比

（一）中国乡村电商产业链图谱

目前，乡村电商已经形成了农产品电商、农资电商、综合平台电商、网络品牌电商、生鲜电商、信息服务类电商、农业众筹以及支撑链的产业布局。见图 1–4。

图 1–4　乡村电商产业链图谱

（二）农村网络技术不断与城镇水平接近

近年来，中国农村网民规模持续增长，农村网络技术水平逐步与城镇水平拉近。到 2020 年 3 月，中国农村地区互联网普及率已经达到 46.2%，较 2018 年年底提升 7.8 个百分点，城乡地区互联网普及率差异缩小 5.9 个百分点。

三、乡村电商的发展瓶颈

（一）乡村电商成本较高

第一，产品的包装成本逐渐上升，大部分产品运费占其销售收入的 10% 左右，包装费占销售收入的 10% 以上。第二，物流成本也不容小觑，大部分乡村电商企业通过韵达、圆通、顺丰等快递公司运送产品，但是近几年快递费用逐年上涨。第三，广告费用也较高。

因此，企业在扣除包装、物流、宣传等费用后，盈利较少。

（二）乡村电商人才匮乏

根据调查，目前乡村电商企业的工作人员大部分是刚毕业的大学生。由于农村的特殊环境、薪资待遇以及社会认可度较低，大学生更愿意去寻求更加广阔的发展空间，导致企业的人员流动性较大，人才流失现象时有发生。

（三）电商知识匮乏

很多农民对于电商知识仍然相对匮乏，他们知道“网上购物”甚至对网上销售很感兴趣，但是由于自身文化水平的限制，对具体流程、操作步骤等详细过程却一知半解、无法操作。

四、乡村电商发展，政策先行

2019~2020年，国家颁布了多项推动乡村电商发展的政策，其中包括2019年5月《关于开展2019年电子商务进农村综合示范工作的通知》，鼓励各地优先采取以奖代补、贷款贴息等支持方式，通过中央财政资金引导带动社会资本共同参与乡村电子商务工作。2019年8月，《关于加快发展流通促进商业消费的意见》指出，要扩大电子商务进农村覆盖面，优化快递服务和互联网接入，培训乡村电商人才，提高乡村电商发展水平，扩大农村消费。见表1–5。

表1–5　国家推动乡村电商发展的政策简介

政策	具体内容
《关于金融服务乡村振兴的指导意见》	到2035年，基本建立多层次、广覆盖等特点的现代农村金融体系，农业农村发展的金融需求得到有效满足；到2050年，现代农村金融组织体系、政策体系、产品体系全面建立，城乡金融资源配置合理有序
《关于开展2019年电子商务进农村综合示范工作的通知》	鼓励各地优先采取以奖代补、贷款贴息等支持方式，通过中央财政资金引导带动社会资本共同参与农村电子商务工作

续 表

政策	具体内容
《关于加快发展流通促进商业消费的意见》	扩大电子商务进农村覆盖面，优化快递服务和互联网接入，培训农村电商人才，提高农村电商发展水平，扩大农村消费
《关于跨境电子商务综合试验区零售出口企业所得税核定征收有关问题的公告》	跨境电商综试区内核定征收的跨境电商企业应准确核算收入总额，并采用应税所得率方式核定征收企业所得税。应税所得率统一按照 4% 确定
《关于扩大跨境电商零售进口试点的通知》	将石家庄等 50 个城市（地区）及海南全岛纳入跨境电商零售进口试点范围

五、2019 年乡村电商融资力度加大

2019 年乡村电商领域共有 19 家平台获得融资，融资总额超 5.55 亿元。其中，2019 年农业 B2B 领域获得融资总金额达 5.03 亿元人民币。分别是：一亩田获数亿元 C 轮；乐禾食品获 1 亿元 B 轮，亿元级 B1 轮；大丰收获数亿元 C 轮；中农普惠获 4 000 万元 Pre–A 轮；农拍档获 3 000 万元天使轮；蛋小二获千万元级天使轮；果联科技获 1 000 万元天使轮；找牛网获 600 万元天使轮；海鲜君获 500 万元天使轮；四季为农获数百万元天使轮；超粮网获 A 轮融资；四海渔仓获 B 轮；农苗小二获天使轮。部分融资情况见表 1–6。

表 1–6　2019 年 1~12 月中国农业 B2B 领域融资榜

序号	融资方	所属行业	融资金额	融资轮次	投资方
1	一亩田	农业 B2B	数亿元人民币	C 轮	易果集团、华创资本
2	乐禾食品	农业 B3B	1 亿元人民币	B 轮	和智投资
3	乐禾食品	农业 B4B	数亿元人民币	B 轮	和智投资、龙珠资本
4	大丰收	农业 B5B	数亿元人民币	C 轮	华创资本
5	中农普惠	农业 B6B	4000 万元人民币	Pre–A 轮	供销 e 家、宜信新金融
6	农拍档	农业 B7B	3 000 万元人民币	天使轮	汇通达
7	蛋小二	农业 B8B	千万元级人民币	天使轮	子米投资
8	果联科技	农业 B9B	1000 万元人民币	天使轮	天图资本

续 表

序号	融资方	所属行业	融资金额	融资轮次	投资方
9	找牛网	农业 B10B	600 万元人民币	天使轮	未透露
10	海鲜君	农业 B11B	500 万元人民币	天使轮	齐一创投、杭州老鹰基金
11	四季为农	农业 B12B	数百万元人民币	天使轮	未透露
12	超粮网	农业 B13B	未透露	A 轮	IDG 资本
13	四海渔仓	农业 B14B	未透露	B 轮	君上资本
14	农苗小二	农业 B15B	未透露	天使轮	青山资本

19起融资事件中，就所在地来看，广东6起，北京5起，上海3起，江苏1起，山东1起，浙江1起，福建1起，湖南1起；就融资轮次来看，多为天使轮、A轮，融资金额均在数百万元及以上。见图1–5。

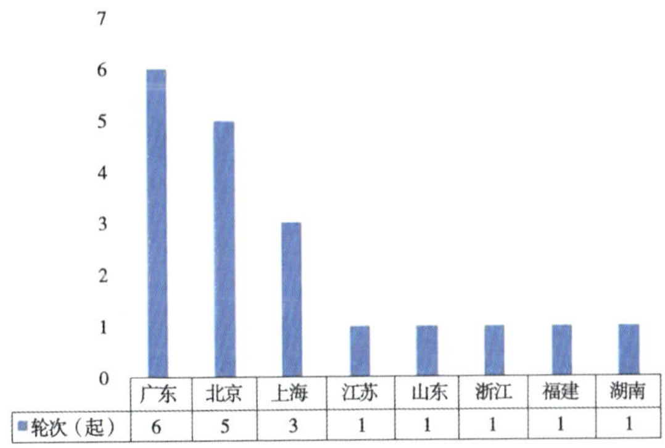

图 1–5　2019 年 1~12 月中国农业 B2B 领域融资地区分布

第四节　乡村电子商务的发展前景与趋势

目前农业 B2B 平台主要包括农资、农产品和食材配送三类，因产业规模大，近年来备受资本热捧。政策、新技术的发展为农业B2B发展提供了新的机遇，将农业B2B与互联网连接起来，实现了大数据、物联网及云平台技术的融合。这对整合农业B2B金融、仓储、物流等资源具有重要作用，可减少农业产业链的中间环节，有利于提升农业生产、流通效率。

当前农产品上行面临着农村物流企业资金不足、物流及仓储等基础设施薄弱的问题。前瞻认为，我国乡村电商的发展还处于起步阶段，缺乏专业人才、人才难留和成本过高等难题阻碍着乡村电商的发展。2020年乡村电商除了要帮助完善农村供应链以及产品调配、运输，还要尽力推动建立大数据平台、统一仓储物流等生态体系，帮助乡村电商搭建系统化的架构等。

一、乡村电子商务的发展前景

（一）乡村振兴战略为乡村电商发展带来新机遇

政府将会在政策层面持续强化，加大基础设施、教育、金融等方面的支持，这能为乡村电商发展提供更好的环境和空间。

要进一步推进乡村电子商务快速持续健康发展，必须充分发挥政府的主导作用，综合施策，多管齐下，加大对农村地区物流、信息、金融等基础设施建设的投入，推动人才培训及相关公共服务供给向农村延伸，建立健全法律法规和标准化规范体系，引导人才、资金、技术等要素向农村地区流动。基础设施建设历史欠账较多，是广大农村地区发展电子商务的最大短板和痛点，“互联网+流通”改革可帮助农村地区补齐短板，实现跨越式发展。

1. 加快农村物流体系建设

一是创新和完善资金投入机制，充分运用财政扶持手段，通过

PPP、产业基金等市场化模式鼓励和撬动更多民间资本投资，鼓励商贸、供销、邮政各方共享硬件设施和网络服务，加快农村物流体系网络建设。二是发展农村地区宽带网络，不断提升覆盖率，提高传输速率，逐步缩小城乡差距。三是发展多元化的农村金融体系，形成以正规金融机构为基础、以农村合作金融为主导、以政府政策性金融为辅助、以民间信用为补充的多样并存、功能互补的农村金融服务体系，提升“造血”功能。四是整合物流信息与物流企业，特别是第三方物流企业，运用先进的信息、仓储、冷链等技术和综合交通运输体系、现代企业管理制度，建立以电子商务交易为中心的实时物流信息共享平台，培养高素质的物流配送人员，形成一整套科学、高效的物流支撑体系。

2. 完善法律法规和标准化体系，规范市场运行

针对目前存在的一些市场乱象，必须加强和完善法律法规和标准化方面的体制机制建设，充分发挥制度的引领、规范和保障作用。一是健全流通领域，法规标准体系。抓紧研究商品流通、电子商务等方面的立法，建立交通设施建设、商品流通保障、流通秩序维护等制度，解决流通领域中涉及体制机制的深层次问题。二是全面梳理现行法律中与互联网在流通领域创新应用和管理不相适应的内容，加快修订和完善制度，推动线上线下规则统一。三是健全批发、零售、物流、生活服务、商业服务领域标准体系，完善适应目前电子商务发展要求的农产品生产、采摘、检验检疫、分拣、分级、包装、配送等标准体系建设，完善农产品追溯体系建设，规范市场主体行为，引导企业健康发展，努力营造适合乡村电子商务发展的法治环境。

3. 增加公共服务供给，提高保障能力

一是财政出资建立县、乡、村多梯次的乡村电子商务公共服务

站点，为不具备网购条件的农村居民提供代购、代付、代收、代退换货等服务，帮助解决资金、人才、物流、技术、市场信息、政策和法律法规等方面的问题。二是加强专业技能培训，使广大农民快速掌握互联网基本技能和市场经济规律，对那些满怀激情回乡创业的“80后”“90后”青年进行创业指导，“授之以渔”，激发他们的创业热情，解决他们创业过程中遇到的实际困难。三是鼓励和支持有实力的电商企业参与公共服务中心运营，为农民提供培训、策划、经营、结算、融资等方面的个性化、专业化服务，增强市场竞争力。四是进一步探索农业生产与经营的新模式、新路径，引导农村合作社和大型农业企业组织农民进行规模化、专业化生产和信息化、网络化经营，打通产—供—销全产业链条，促进不同市场主体合作共赢。见图1-6。

图1-6 电商助销农产品

（二）社交电商与社区电商异军突起，促使农副产品上行路线改变

社交电商逐渐摸索出一条独特的乡村电商之路，并在挖掘新的消费场景，形成新的消费热点，农产品上行正从单一的网络零售向网络零售和批发双向转变，从只注意线上销售转变为线上线下相融合的销售方式。

（三）乡村电商的发展与农产品供应链的重塑互相推动

乡村电商在助推农业环节审计、全产业链升值，为农村经济转型升级注入活力的同时，农村经济模式的重塑也在推动乡村电商的发展，形成相互作用力。

（四）商业化和品牌化促进乡村电商品控管理加强

消费者对产品品质和服务要求的提高，使乡村电商在未来也会进入品质消费时代，商品化和品牌化促使乡村电商加强品控管理，完善品控体系。

二、乡村电商的发展过程

尽管不同农村地区的发展状况千差万别，但农村发展电商的基础、问题、思路大同小异。要从省、县、乡、村分层次探索实践，用标准化模式推动电商进农村工作，待成熟后复制推广。

（一）省级层面要做到“六有”

1. 有牵头单位统筹组织

电商进农村工程涉及多部门，需要省级商务厅牵头，统筹协调，制定规划和实施方案，推进电商进农村示范工程的各项工作。

2. 有省级电商进农村公共服务平台

若每个县都开发自己的销售平台，一是投入维护多，二是知名度低，效果不一定好。可以由省级统一开发电商公共销售平台进行营销，为全省农产品电商提供公共销售渠道。同时打通与阿里巴巴、京东等国内知名电商平台的销售渠道。

3. 有省级统一开发的手机 APP

建立本省农产品营销手机 APP 软件平台和对外宣传窗口，既让乡村电商运营服务更便利、更快捷、更全面，也让远在千里之外的人知道偏远的山区有好产品在销售。

4. 有省级的统一培训

省级商务厅要统筹各方资源，对大学生村官、第一书记以及政府相关部门与合作社等参与电商进农村工程的管理人员进行统一培训。

5. 有省级统一设计的 Logo

设计电商进农村统一 Logo，统一形象、统一标识，加大宣传推广力度，提升影响力和关注度。

6. 有统一建设的二维码溯源体系

在省级建设二维码溯源中心，县乡级建设二维码分中心，形成线上线下相结合的应用体系。实现“一物一码”，使每一件电商农产品都有身份证，流通全程可追溯，可防伪，提升品牌，汇集数据，提高产品信誉度、美誉度和综合竞争力。在保障消费者权益的同时，也为进一步发展定制生产奠定基础。

（二）县、乡层面要做到“九有”

1. 有适合电商的产品

不是什么农产品都可以开展电商销售，要筛选出代表地方特色、具有新奇特优势、在本地区有一定规模、适宜长途运输的产品，成熟一批上网一批。

2. 有检测中心

建立农产品质量检测中心，为筛选出来的产品提供检测、检疫、原产地标注，对产品进行官方认证，从而提高农产品信誉，保障食品安全，增强消费者信心，提高产品附加值，树立良好的产品形象，打造品牌，促进持续发展。

3. 有电商能人

培育回乡大中专毕业生、返乡青年或引进电商企业，打通线下线上联系，完善电商的各个环节。关键是要有带头人，使乡亲们看到效果。

4. 有创业孵化平台

县、乡服务中心要有创业孵化平台，为农村青年、务工回乡人员、电商人才提供场地、技术、培训、资金等创业孵化条件，鼓励农村居民依托乡村电商创业致富。

5. 有电商服务中心

建立县、乡、村三级电商服务体系，县级电商服务中心是农产品上行电商集聚区，乡级电商服务站是农产品上行电商服务基本实施和操作单位，村级服务点是重要的宣传阵地和协同服务的网点。三级电商服务机构形成可独立运行、相互配合的电商服务体系，为农产品上行提供全方位支撑。

6. 有快递公司入驻

政府部门通过招商等方式，鼓励包括邮政、供销、商贸流通、第三方物流和本地物流企业在内的各种主体入驻电商物流中心，承担快递业务。

7. 有支付方式和电商金融服务

银行等金融机构要在乡村服务点开设业务，建立安全、便捷的网上支付渠道，让广大农民群众足不出户就能实现买卖交易。

8. 有“最后一公里”物流解决方案

建立乡村电商物流体系，降低物流成本，解决从田间地头到电商物流中心的“最后一公里”问题。

9. 有县、乡行政领导服务小组

电商进农村是一个系统工程，涉及工商、农业、交通、通信、教育等各领域，县、乡党政领导要高度重视，成立领导小组，用强有力的领导、组织和服务，统筹部署项目有序实施。

三、发展乡村电商的主要措施

1. 进一步发挥政府的支撑作用

在乡村电商的发展过程中，政府的支撑作用主要体现在：加强乡村电商配套的基础设施，尤其是农村的存储设备、物流冷链等；进一步加大政府财政、税收政策对乡村电商的支持力度，增强财税政策的引导作用。

2. 打造特色产业，提高网络销售量

要引导相关企业树立品牌意识，着力打造具有地方特色、受到消费者信赖的品牌。打造出特色产业，有了知名度，才能提高网络销售量。

3. 拓宽乡村电商的经营思路

在“互联网 +”时代下，乡村电商不再局限于产品的销售，其在产品或服务的购买以及销售环节有待提高，例如“乡村旅游”“农家乐”等具有农村特色的服务，积极推进和创造“乡村旅游 + 农产品产销 + 特色农村服务”等新模式，为乡村电商开辟新的道路。

4. 拨开乡村电商发展的迷雾

乡村电商到底是什么？为什么要做乡村电商？这是一个前置性的问题，如果认识不清楚，就可能导致行动比较盲目。要进一步在广大农村地区普及电商知识，提高农民对乡村电商的认识，加大工作力度。

5. 加快完善乡村电商基础设施

加强农村通信基础设施建设，建立乡镇和行政村一级的物流中转站，在人口较密集的村落可适当性增加服务网点，吸引更多物流

企业入驻乡村。

6. 推进乡村电商人才的培训工作

把培养人才作为电子商务发展的关键举措，不遗余力地推进人才培养，切实加大电商技能培训。发挥农村青年创业创新的引领示范作用，鼓励返乡大学生、农村青年致富带头人等通过电子商务创业。

7. 鼓励模式创新

阿里巴巴农村战略的四大板块业务结构公布之后，各电商平台推出的乡村电商业务基本上也都是四大块，即代缴费服务、代买服务、代卖服务、人才培养与扶持等。在这些基础之上，还需要不断探索新的业务板块，特别是要探索好的商业模式。

8. 突出群众参与

检验乡村电商是否有效的标志是群众是否得到实惠，而证明乡村电商成功的重要标志也必须是群众广泛参与。

9. 加强产业提升

乡村电商天然存在着城乡差距导致的基础弱势，交通、通信、物流都是其软肋，传统产业与互联网有着巨大的现实差距，农业的现状很难与电商匹配。因此，要推进农村电商发展，就必须以农业的互联网化为前提。

本章小结

21 世纪，互联网经济成为主流，农业电子商务也在进一步发展。这不仅是传统商业模式的重要创新，也是经济模式的创新。广大农村地区的经济发展相对较慢，但农产品电子商务的优势在于不受时空限制，可以为农民的经济活动和日常生活提供更好的服务，使得农村、农业、农民的发展有了新的机遇和突破。随着乡村电子商务行业竞争的不断加剧，国内优秀的企业愈来愈重视对市场的研究，特别是对企业发展环境和客户需求趋势变化的深入研究，在供大于求时，企业成功的关键就在于能够在需求尚未形成之时就牢牢地捕捉到并锁定它。那些成功的公司往往都会倾尽精力及资源搜寻产业的当前需求、潜在需求以及新的需求。正因为如此，一大批国内优秀的企业迅速崛起，逐渐成为行业中的翘楚。乡村电商的发展前景不可估量，乡村电商带来的新机遇和新发展让人更加期待。

第二章

农产品电子商务质量安全管理

导读

随着互联网经济的发展，电子商务的发展也达到了前所未有的高度，但随之而来的还有各种各样层出不穷的问题。本章主要研究农产品质量安全管理方面的问题及解决方法。农产品质量安全问题不仅关系到消费者的健康，也关系到农业的可持续发展，是政府和消费者关注的热点之一。伴随着电子商务的快速发展和城乡居民消费水平的不断提高，农产品质量安全呈现出新风险和新隐患。目前国内外对电子商务环境下农产品质量安全问题的研究尚显不足，本章对电子商务环境下农产品质量安全的管控机制与模式的研究，有助于完善相关研究体系，并为相关政策制定提供借鉴。本章以问题为导向，基于对相关概念和内涵的界定构建电子商务环境下农产品质量安全研究的理论逻辑框架，剖析了农产品质量安全问题产生的根源，通过研究电子商务对农产品质量安全影响的管控机制，提出通过电子商务提升农产品质量安全管控水平的方法。

知识架构

- 农产品电子商务质量安全管理
  - 农产品质量安全相关政策与技术支持
  - 农产品电子商务中的质量安全问题
  - 加强农产品电子商务质量安全管理的措施

第一节　农产品质量安全相关政策与技术支持

一、我国农产品质量安全法律制度

（一）我国农产品质量安全法律制度的基本内容

1.农产品质量安全立法

在我国《中华人民共和国农产品质量安全法》颁布之前，只是在一些经济法规中直接或者间接地涉及农产品质量安全问题，这些对农产品质量安全问题的调整有重要的作用。《中华人民共和国农业法》就明确规定了多个关于农产品市场准入的基本条件。我国还有很多条例以及办法也对农产品质量安全进行了调整，例如《无公害农产品管理办法》等。同时，《中华人民共和国认证认可条例》以及农产品质量安全认证管理办法、技术标准和认证程序的实施，为农产品质量安全规范的认证工作提供了理论基础。这些法律法规和规章制度能进一步地保障我国农产品的质量安全，但是，随着社会的不断发展和进步，制定专门的农产品质量安全法律法规迫在眉睫。2006年，我国颁布了《中华人民共和国农产品质量安全法》，内容涉及农产品生产的全过程，并且明确规定了我国农产品质量安全相关监管部门的权责。这是我国农产品质量安全立法的一个重要转折点，从法律上保证了农产品的质量安全，意味着我国农产品质量安全监管制度进入了一个新阶段。

2.农产品质量安全监管制度

我国农产品质量安全监管采用的模式主要是分段管理，农产品质量安全管理涉及多个部门，包括农业部门、工商管理部门、卫生部门、质监部门等。其中农业农村部和地方各级的农业部门是农产品质量安全的主管部门，其他相关部门在自己的管理范围内对农产品质量安全进行管理。农业部门主要负责指导农产品的生产，工商管理部门主要负责农产品在流通领域内的质量监管，质监部门则是农产品质量安全的监督主体。根据《中华人民共和国农产品质量安全法》的规定，县级以上的农业主管部门必须在保证农产品质量安全的要求下，制订实施农产品质量安全的检查监督计划，并对在生产中或者是已经到市场上进行销售的农产品进行抽查监督，抽查的结果按照权限在当地予以公布。

二、我国农产品质量安全标准

（一）我国农产品质量安全标准体系

农产品质量安全标准体系是农业标准化工作的一个重要组成部分，按照国家惯例，一般分为强制性标准和推荐性标准。农产品质量安全强制性标准是农产品生产必须按照法律法规的规定强制执行的，具有强制性；推荐性标准则是由政府部门委托相关机构或者是行业协会制定标准，可以自愿采用。农产品质量安全标准体系一般由三部分组成：国家标准是指由政府部门制定的，以法律法规的形式表现出来的标准；行业标准是指由民间团体制定的，具有较强权威性和良好声誉的标准；企业标准是指由农产品生产者制定的农产品生产操作规范。

（二）我国农产品质量安全标准体系现状

目前，我国基本建立起以国家标准为基础、以行业标准与地方标准为主体，以企业标准为补充的四级标准体系。此标准体系主要涵盖了种植业、畜牧业与渔业三大行业范围的标准，并可大致划分为九种标准类别：

第一，安全卫生标准。主要对农产品中农药、兽药等有毒有害物质最大允许量或最大残留限量进行了标准的制定。

第二，农业投入品类标准。主要对农业生产所用的种子种苗、肥料、农药、兽药、饲料和饲料添加剂等进行了质量标准的制定。

第三，农业资源环境类标准。主要对植物种植资源、农业水资源、耕地资源、草地资源、农产品产地环境（含养殖环境）、生态环境等方面进行了标准的制定。

第四，动植物防疫检疫类标准。主要对动植物检疫与防疫、诊断与防治等方面进行了标准的制定。

第五，管理规范类标准。主要对农业投入品安全使用准则、农产品安全控制规范以及农产品包装、标识、储运等方面进行了标准的制定。

第六，农产品品质规格类标准。主要对重要农产品质量、规格的分等分级进行了标准的制定。

第七，生产技术规程。主要对农产品种植、养殖、采摘、捕捞、保鲜加工等操作技术规程进行了标准的制定。

第八，分析测试方法类标准。主要对农业生态环境、农药肥料等农业投入品、农产品成分等的分析与测试技术规范进行了标准的制定。

第九，名词术语类标准。主要对农产品质量及其安全的名词、术语等方面进行了标准的制定。

三、物联网为农产品安全监管制度的完善提供了技术保证

（一）物联网环境下农产品安全无缝监管

若要对农产品安全进行无缝监管，必须对其各个环节进行物联

网覆盖。和农场主、生产加工商、批发零售商等建立一定的联系，并得到各方的配合。

（二）物联网环境下的农产品质量安全可追溯体系

实施农产品质量安全可追溯体系，既可以减少生产者因食品质量安全引发的恐慌，激励生产者提供质量更有保证的食品，又能提升消费者对食品安全的信心

要利用物联网技术对农产品质量信息进行精确的溯源，就需要将在供应链的各个环节中收集到的必要信息转化为RFID（射频标签）信息，并将其电子档案保存至数据库中心。在消费者购买农产品时，可以查询农产品上的RFID标签信息；若农产品质量有问题，可交由相关政府部门处理，对农产品进行信息追溯，追究造成质量安全问题的农产品企业。见图2-1。

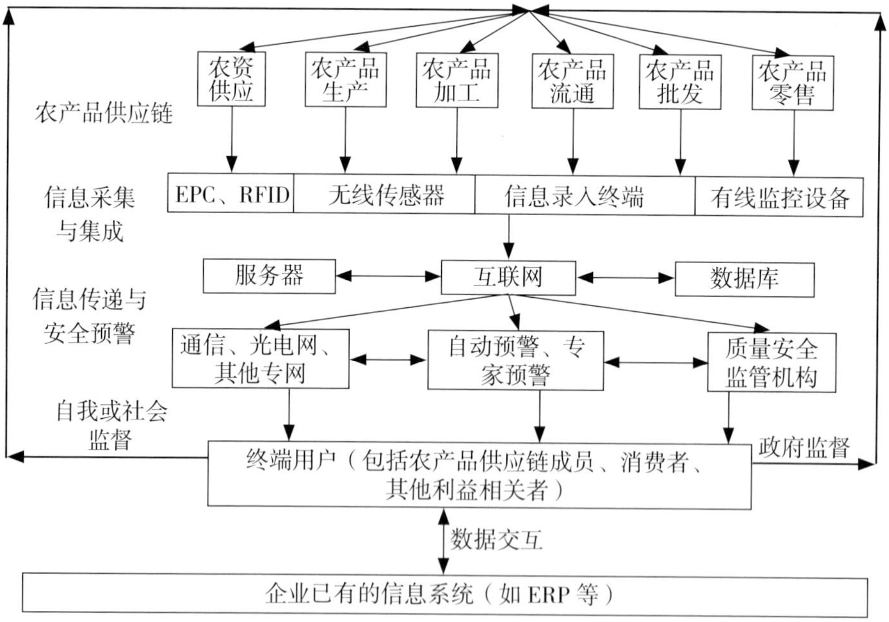

图2-1　物联网环境下的农产品安全可追溯体系

第二节　农产品电子商务中的质量安全问题

近年来，我国也加强了对农产品质量安全的重视，加大了监管和打击力度，尤其是在农药、化肥等影响农产品质量安全主要投入品方面，农业农村部启动化肥、农药使用量零增长行动，这为农业生产环境改善和农产品质量安全提供了保障。农产品需要经历生产、运输、加工、销售等多个环节，其中生产环节是形成农产品质量安全问题的源头，而作为农产品生产者，农户生产行为对农产品质量安全的影响更为直接。

目前我国电子商务的发展取得了令人瞩目的成果，农产品电子商务也在淘宝、天猫、我买网、中国地理标志产品商城等网络平台中得到体现与发展。但是农产品与普通消费品不同的是，生产者是产业的最上游，下游支撑是农产品交易提高效率、增加价值的重要来源。因此，要发展好农产品电子商务，推进我国农业现代化，还有许多问题需要解决。

一、农产品质量方面的不足

（一）部分农产品无标准

目前，部分农产品是没有统一的质量安全标准的，尤其是蔬菜、水果类农产品。若在网上销售，消费者更加真假难辨。一方面，我们应当充分号召各行各业的行业协会加快制定各类农产品的标准。另一方面，各级政府相关部门、行业协会等应当加强对各类标准和认证的监管，尤其是对现有认证的监督管理，加大对违规认证机构的处罚，使各种认证和标准真正获得应有的公信力。

（二）农产品安全问题有待解决

尽管农产品质量安全工作在流通领域方面取得了显著成效，但在电子商务中仍存在不少问题。消费者在电子商务平台上购买到的农产品存在质量问题的现象还是存在的。在菜市场，消费者可以现场体验一下，对比其他经营档口的农产品进行鉴定。但与实体菜市场不同的是，消费者在网购农产品的过程中，很难通过外观来辨认其是否安全，所以一些不法经营者会违规使用禁限农药、兽药，或者使用有害转基因技术等，把农产品的价值重点放在外观上。这样的过程消费者是无从得知的，其安全性也是令人担忧的。原本在实体商贸市场自产自销的农产品其质量就存在着一些品质问题，而在电子商务环境下，网店经营和第三方平台管理的不规范，使得农产品质量安全控制问题要想彻底地解决更是难上加难。

二、农产品营销方面的不足

（一）农村现实条件对电子商务发展的制约

由于我国的城乡差距还比较大，经济文化相对落后的农村，受到许多传统条件的制约，这与高速发展的互联网信息技术并不相适应。其中最主要的是人的制约因素：一方面，农村的生活环境相对于城市更加稳定，人们的经验主义思想比较牢固，在面对复杂的农产品电子商务的时候，接受程度比较低，对于虚拟交易的信任度低，所以在电子商务推广方面较容易遇到阻碍；另一方面，农村专业化人才比较稀缺，农产品电子商务发展需要掌握农业、信息技术及经济多方面知识的综合人才，人才要素在农村市场中很难得到满足。

（二）部分电商成本依然处于高位

面对农产品电商市场的巨大空间，却有一部分电商企业处于亏损状态，这其实是因为部分电商成本高昂，特别是生鲜电商的成本极其高昂。生鲜农产品的生产受季节、时令和品种的限制，不仅产品的体量小，通常一致性也较差。电商产品的高性价比要求，使得品质好的生鲜农产品在用于电商售卖时，其在源头获得生鲜农产品的成本明显高于线下。生鲜农产品的易腐性和易损性，导致其在仓储、运输以及终端销售过程中损耗率较高。较高的损耗率会增加成本支出，例如为了防止货损，150 元的水果订单，履约成本往往要达到 30 元左右。目前，生鲜电商所依托的冷链物流成本很高，冷链的构建成本和运营成本也很高。另外，冷链运输成本也比普通车辆高出 40%~60%。因此，几乎所有电商在销售生鲜食品时，只能选择附加值高的产品，因为单品价格较低的产品所产生的利润根本无法覆盖运营成本。

（三）电商的基层推进相对缓慢

从 2015 年在北京和内蒙古的调研结果来看，经营理念、技术人才、物流基础是基层推进农产品电商最大的阻碍。对北京的调研显示，村里通过电子商务进行生鲜农产品交易的障碍主要有：缺乏网络营销和技术人才；信息化基础差；缺乏农产品物流基础；村民缺乏互联网营销意识。在对内蒙古呼伦贝尔地区的走访调研中，发现这些因素的影响更为突出，并且乡村之间距离较远，交通不便、冷链装备和技术匮乏也是制约边远地区发展农产品电商的主要因素。北京的农民专业合作组织在推进生鲜农产品电子商务过程中遇到的主要困难有：缺乏网络营销和技术人才；缺少资金；农产品物流、配送成本高；内部管埋埋念跟不上。

三、农产品相关技术方面的不足

（一）农产品电子商务物流水平较低

在我国，农产品物流体系是制约农产品电子商务发展的主要因素之一。由于我国国土面积大，生产不集中，农村地区基础设施也不完善，现代物流体系很难在广大农村全面建设。此外，由于市场需求的变化，消费者对农产品鲜活度的要求越来越高，这也对农产品的物流技术与成本控制都提出了相当大的挑战。

（二）电商依然面临着冷链物流短板

以近些年比较火爆的生鲜电商为例，生鲜农产品电子商务良性发展，其关键在于全程“无断链”的冷链物流体系建设，需要发展覆盖生产、储存、运输及销售整个环节的冷链系统，实现生鲜农产品从产地到销地的一体化冷链物流运作。生鲜电商物流尤其要关注四个方面，即确保跨地区保鲜运输，满足反季节销售对低温储藏保鲜水平的要求，满足消费者对质量安全、多样化、新鲜度和营养性等方面要求，实现全程“无断链”。从目前我国农产品冷链物流的发展状况看，冷链物流依然是生鲜电商面临的主要短板。农产品冷链物流还存在着专业服务能力较弱、行业集中度低、预冷环节缺失、运输效率不高、缺乏一体化冷链物流运作等问题。因此，尽管生鲜农产品电子商务带动了农产品冷链物流的发展，但从生鲜农产品电子商务发展本身对冷链物流的需求来看，建设覆盖生产储存、运输及销售整个环节的冷链系统和全程“无断链”的冷链物流体系依然任重道远。

（三）电商供应链比较脆弱

以生鲜电商为例，通过生鲜农产品电子商务方便、快捷地实现生鲜农产品的购买选择和消费，是新时期消费者选择生鲜电商的主要原因。面对消费者的需求，众多中小电商力不从心，甚至一些大的生鲜电商也出现各种危机，在很大程度上是由于生鲜电商供应链的脆弱性还没有发生根本改变。生鲜电商供应链的脆弱性除了冷链物流外，小规模农户和农民合作组织的影响也不容忽视。目前，生鲜农产品生产一方依然以小规模农户为主，而其典型的生产经营特征是经验性、盲目性，缺乏市场观念，短期行为比较严重。生产规模小，产量规模也难以达到相应水平，进而造成众多农户同一产品的品质和质量不统一，难以实现标准化生产。与农户和电商企业密切联系的农民专业合作社，在理论上是农民提高生产的组织化和集约化程度，提升农业生产的规模效应和边际收益，联合抵御系统性农业风险的重要载体，但是我国农民专业合作社的发展现状明显落后于农产品市场化快速发展的要求，存在组织规模小、资金和人才缺乏、品牌建设滞后、内部治理不规范、职能不完善等现实问题。

（四）物联网技术仍然存在一定的局限性

1. 物联网技术标准不统一

在信息的采集、传输、处理、应用等各方面，不同的解决方案供应商可能会采用不同的技术方案，而导致各个专用的网络之间无法连通或无法方便地连通（需要设计复杂网关）等，阻碍了行业发展。

2. 没有形成一个庞大的智能网

目前互联网是利用最大的因特网，但是物联网还没有形成一个庞大的网络体系，导致市场上都是各做各的解决方案，做自己的网络管理平台，没有一个庞大的像互联网一样的全国性的管理平台，不能发挥万物互联的作用。

3. 物联网的安全性低

物联网要求不计其数的智能设备能轻松入网，可以在网中唯一地识别某一个设备，这样将有大规模的信息处于物联网中，信息的安全性如果不高，可能被不法分子利用。其实互联网目前也存在这样的威胁，而物联网将比互联网集成更多的信息，安全性是个大问题。

4. 能耗问题与污染问题

技术创新的前提是有充足的能源，未来物联网将是涵盖数以亿计的大网，所有的设备都需要供电，能源将是一个大问题。而且随着设备的增多，将有更多的信息产生，其中包括大量的“垃圾信息”，这加剧了能源的消耗和二氧化碳的排放。

5. 数据分析与应用问题

物联网生态系统中的设备产生了急剧增长的海量数据，且具有迫切的分析需求。在这个领域的解决方案将有非常大的潜力可以挖掘，它比那些要花很长时间才能实现的项目能更快地获得投资回报。大数据分析应用在广泛发展，许多行业都可以通过它进行行业资源的优化。但是目前物联网对数据的分析和潜在价值挖掘的能力还没有凸显出来。

四、农产品相关制度方面的不足

（一）我国当前农产品预警制度尚存问题

监测主体不明确。我国从事农产品供应链信息收集的部门各不相同，因此需要建立一个相关的农产品数据信息处理与储存中心，使信息采集的分析预测在各政府部门间有明确分工，可明晰责权，减轻市场的负担。

（二）信息采集标准未建立

农产品信息收集无统一标准是我国农产品市场监控工作的一大难题。欧、美、日等信息收集、储存、转换发展较成熟的国家和地区，对农产品的种类、包装、规格等都有明确规定，采集信息时间固定。我国亟须出台国家和地方的标准，并对收集和储存信息、上报频率和时间进行明确规定，保证信息收集效率。

（三）我国信息发布的机制尚在起步阶段

农产品质量信息预警和信息追溯的最终目的，是解决农产品的生产、经营和市场各方面信息不对称等问题，促进农民收入增加和农业生产效率提高。但是目前我国信息发布的机制尚不健全，仍处于初级阶段，所以在农产品质量信息预警和信息追溯方面还存在部分漏洞。

（四）农产品质量信息预警体系尚没有明确的法律法规

我国农产品市场监测主客体不明、缺少信息收集标准、信息没有秩序等问题的根源是农产品质量信息监测预警体系无法可依，仅仅依靠政府部门一两次的对外报告不能保证市场监测预警正常运行。发达国家对于市场监测统计在其专门的法律中得到了体现和保障。我国也同样需要依靠法律来明确市场监测主体、提供信息的重要性、发布信息的时间和频率、市场监控主体、市场调控主体和方式等。

总之，随着农产品贸易全球化的迅速发展，农产品质量安全已不仅涉及人类健康生命安全，也关系到国家经济发展和社会稳定。近些年来，我国农产品质量安全事故时有发生。研究农产品质量安全管理体系的建设，对于保障消费者身体健康，促进我国现代农业的发展，增加农民收入，提高农产品在国内外市场的竞争力等方面均具有十分重要的意义。农产品质量安全管理是一个系统工程，我国农产品质量安全管理工作取得了初步进展，但与发达国家的从消费者角度出发、以消费者为中心建立的农产品质量安全管理体系相比还有很大差距。现有研究更多地从农产品质量的表面来探讨如何提高质量保障安全，对农产品质量安全体系的系统性、复杂性和全面性的认识不足，对影响农产品质量安全的其他各个方面的整体性和关联性考虑不足，缺乏对农产品质量安全体系的系统分析。

第三节　加强农产品电子商务质量安全管理的措施

一、监管措施

（一）认真抓好产地环境保护监测工作

良好的农业生态环境，是农产品质量安全的基础和源头，因此要重视产地环境的保护、监测和整治。农业生态环境的污染主要来自三个方面，即工业污染、农业污染和生活污染。虽然环保部门加大了“三同时”(即同时设计、同时施工、同时投产使用)“达标排放”的执法力度，但随着经济发展，工业的排污总量已超出自然的自身净化能力，特别是近郊污染事故时有发生。在农业生产上，农业投入品(如化肥、农药、饵料、植物生长激素等)使用不科学，农业生产过程中副产品(如作物秸秆、畜禽粪便等)的无害化处理、综合利用不到位，也可造成环境污染。近年来，随着农村城镇化的推进，农民生活向城市化发展，生活污染源有所扩大，生活垃圾和建筑垃圾对环境也造成很大污染，农业的生态环境质量有待进一步改善。

（二）严格加强农业投入品管理

农业投入品包括种植业、养殖业生产中使用的农药、肥料、种子、兽药(渔药)、饲料、饲料添加剂，用于农业初级产品生产、加工、储运的保鲜剂、防腐剂、添加剂等材料，及其他用于农产品的可能影响农产品质量安全的物品。农业投入品的生产、销售、使用情况，直接影响农业生态环境和农产品的质量安全，关系着人们的健康和农产品的市场竞争力,应加强对农业投入品生产、销售和使用的控制，从源头加强农产品质量安全。

（三）严厉打击伪劣假冒农业投入品生产和销售行为

目前我国农业投入品仍然存在生产企业“小、散、乱”、投入品质量不高、假冒伪劣投入品进入流通领域等问题，杜绝农业投入品源头问题是保障投入品市场健康发展的关键。应坚持打击惩处与引导扶植并举的措施。对于一些违法窝点、流窜商贩，应健全投诉举报和处理制度，从快、从严打击生产违禁投入品生产销售等违法活动，严防违禁投入品流入农产品生产环节。对于正规企业，要通过优惠政策或政府补贴鼓励和支持一些具有优势的农业投入品生产企业做大做强，并加大研发经费投入，加快高效无毒无残留农业投入品的生产，逐渐淘汰高毒高残留农业投入品。

二、政策支持措施

（一）构建农产品电子商务的多元化发展渠道

农业龙头企业应该是农业信息化的主力军，各地在构建农业电子商务网络时，应该着力推动龙头企业建立网络营销模式。目前有一些农业企业已经在运营自己的电子商务平台，其中最主要的还是农业的上市公司，这些企业由于实力强，大都建设有独立的农产品电子商务平台。然而，地方性的农业龙头企业在农产品电子商务上的投入还比较少。此外，一些规模较小的民营农业企业更倾向于寻求与已有的电子商务平台进行合作，利用集群优势来参与电子商务竞争。

（二）建立现代化农产品物流体系

符合当下市场的农产品物流体系主要应该包括仓储、运输、加工（农产品初加工与包装加工）等，以及与之相适应的信息咨询、综合服务，乃至金融服务等项目。现代农产品物流体系的功能主要有两个：集约功能与优化功能。

1. 集约功能

集约功能主要是指在农产品电子商务中对与物流相关的设施设备以及信息处理、贸易达成与流程管理等多方面的集成。集约水平越高，规模越大，其对农业现代化的契合度也就越高，也就越能适应农产品电子商务的发展趋势。

2. 优化功能

优化功能主要是指在建设农产品物流体系的过程中，由于设备、技术的信息化程度越来越高，交易的便捷性大大提升，也就要求农产品电子商务中的各方不断适应技术发展的水平，形成与之配套的解决方案。

（三）建立农产品标准化体系

农产品标准化是推进农业产业化的重要支撑，也是进一步推动农产品电子商务发展的绝对前提。在制定农产品的质量标准与农业生产的操作标准时，应当注重标准制定的科学性、公开性及可操作性，并关注其现实的经济效益与社会效益。

（四）强化政府对农产品质量安全保障的监管与支撑

保障农产品质量安全仅依靠市场调节是不够的，必须依靠政府的监管与支撑，从法律法规建设与执行、信用体系建设、农产品认证工作推进、政府补贴及信息化平台建设等方面规范和引导农户的生产行为，保障农产品质量安全。

一是建立完善的法律法规体系，加强对质量安全有明确指导性的法律法规的制定。在适时调整法律法规时，要针对我国农户的特点，出台相关实施细则及操作性强的法规，不仅要严格规范农业投入品的生产、使用行为，还应该建立农业投入品和农产品质量安全定期监督抽查制度。对农产品质量安全问题要坚决查处，并将结果公布于众，增加法律法规的威慑力。

二是建立农产品质量安全信用体系。近年来发生的一系列农产品质量安全事件，都暴露出农产品质量安全信用缺失问题。现阶段农产品质量安全体系建设极为重要，市场经济不仅需要信用度高的农民来提高农产品质量，更需要信用度高的农产品经销商进入流通领域。一方面，通过宣传教育、市场引导、合同约束、乡规民约等形式，引导农民健全自律机制，提高农民的质量安全自律意识；另一方面，加强社会监督，在流通领域建立公示公告等制度，实行农产品安全信息挂牌销售，加强依法监管和诚信引导。

三是推进认证农产品进程。认证农产品种植对种植农户具有约束作用，同时对所在地区农户生产也具有引导作用。认证农产品是目前消费者比较容易辨别的依据、标准。因此，认证农产品需求会不断增长，这给认证农产品生产带来了增长空间。政府要加大推进农产品认证，提升农业标准化水平。加快发展无公害农产品、绿色食品，积极推动农户申报农产品地理标志。同时，将认证农产品生产与基地建设结合起来，建立标准化生产基地，以基地带动农户实施规范化生产。

四是加大政府统一补贴力度，提高补贴效率。无论对农户还是对农业投入品生产企业而言，成本和收益永远是农业生产和农业投入品生产考虑的主要因素。因此，通过政府补贴方式降低农业生产成本，支持农产品和投入品安全生产是保障农产品质量安全的有效措施。政府补贴要具有针对性和引导性：对高效无毒农业投入品生产进行补贴，降低其生产成本，从而降低农户生产成本；对进行安全农产品生产的农户或生产企业实施补贴，鼓励有条件的农户或企业生产安全农产品：对水利、电力、田间道路以及农业教育、科研、技术推广和气象等农业基础设施进行补贴。

五是鼓励与政府合作。电商平台应严查销售主体的资质。目前，国内的绝大多数农产品电子商务平台上的农产品无从溯源。对农产品电子商务平台而言，入驻企业应该经过严格筛选。对于大的涉农企业的筛选相对来说比较容易，但是平台无法完全监管成千上万的小店。因此，平台可以探索与地方政府共建诚信体系的战略合作机制。推进网络诚信体系建设，平台责无旁贷，但又不能仅靠平台完成，这是所有电子商务的参与主体和全社会共同的责任，其中，地方政府的作用至关重要。

三、技术措施

（一）加强对农产品物流技术人才的培养

电子商务已经成为各大高校的热门专业，但是在农产品电子商务物流方面的专业人员还是很稀缺。根据我国农产品电子商务物流的发展现状，重点是解决农产品在运输中的保鲜问题，要不断研究产品的包装及储存，开发出新技术，对不同的农产品进行不同的包装，防止农产品在运输过程中出现大量的腐烂和变质。其次，应该提高农产品物流人员的专业性，加大培养和引进人才的力度，同时应组织大型宣讲会，提高人员综合素质和水平，可以采用考取执业资格证的方法发掘更多人才。

（二）加快冷链物流体系建设

冷链物流缺乏和不完整是农产品在电子商务方面一个比较严重的缺陷，所以加快冷链物流体系建设，亟须政府加大资金投入，尽快建立从乡村到城市的集仓储、冷藏、配送以及长短途运输功能为一体的农产品配送体系。同时，出台更有力、更优惠的税收减免或补贴政策，引导、鼓励企业加快冷链物流体系建设。建立智能化的高效分拣和管理体系，实现全流程冷链服务标准化。

（三）优化农业物联网实施方案及产品的功能、性能

针对物联网相关技术产品不成熟、传感器产品性能差且成本高等问题，建议厂家与农户业主之间建立密切的合作关系，在实施过程中，需求与产品功能、性能不断磨合，通过及时反馈产品的性能缺陷，厂商能够及时改进优化产品和解决方案，不断提升技术水平、产品质量。

（四）提高自主创新能力

提高自主创新能力是较为重要的一个环节，不论是科技公司还是一个小小的店铺，没有了自主创新能力，只会被淘汰掉。在农业方面，可供创新的空间很广泛，农业企业要抓住机遇进行自主创新。

从发展现状来看，我国农产品电子商务发展前景广阔，通过多方共同努力，农产品电子商务必然会获得更多的政府支持、更加个性化和移动化的服务，从而为我国农产品贸易发展奠定坚实基础。

另外，农产品电子商务的发展对于农业转型来说是个好机会，要抓住这个机会，需要政府、企业、农民的共同努力。尽管目前农村电商的发展遇到了很多的困难，但是要相信，在各方力量的共同

协助下，农民会富起来，农产品电子商务的发展会越来越好。

本章小结

本章以农产品在电子商务中的质量安全管理问题为主线，阐述了包括农产品电子商务质量安全管理问题、解决办法，我国农产品电子商务的现状等在内的相关内容，并且对相关名词进行了解释。首先，在政策支持上阐述了我国农产品质量安全法律制度、农产品质量安全标准，此外，物联网为农产品安全监管制度的完善提供了技术保证。其次，探讨了农产品在质量安全方面的问题，主要是质量、营销、技术和相关制度等几方面的问题，最后针对这些问题进行总结归纳，整理出相应的解决办法，以提高我国在农产品电子商务质量安全的整体水平。

第三章

电子商务中农产品的拍摄及图片处理

导读

拍摄农产品主要是为了给购买者以视觉美的同时表现出农产品的特点。我们可以拍摄农产品的生长环境和生长状态，并结合一定的背景对农产品进行合理的构图。例如，新疆的哈密瓜、吐鲁番的葡萄等，我们应尽量选择在田地现场进行拍摄，利用自然光线和农产品特有的生长环境来表现其独有的特征。在拍摄的时候要注意光线的处理，尽量使画面显得明亮干净。现实生活中往往因为一些因素如设备、天气、光线等，导致拍摄的图片达不到我们想要的效果，这个时候我们就需要利用图片处理软件对图片进行调色美化。一张上档次的淘宝照片，必须要有好的摄影技术，拍出满意的图片，再加上过硬的修图技术，将拍摄的图片经过加工美化后完美呈现出农产品的状态。

知识架构

- 电子商务中农产品的拍摄及图片处理
  - 图片处理常用软件
  - 利用 Photoshop 进行图片处理
  - 利用美图秀秀进行图片处理

第一节　图片处理常用软件

一、电脑端

（一）Photoshop

Photoshop 简称 PS，是由 Adobe Systems 开发和发行的图像处理软件。Photoshop 主要处理以像素构成的数字图像。使用其众多的编修与绘图工具，可以有效地进行图片编辑工作。PS 有很多功能，在图像、图形、文字、视频等各方面都有涉及。

1. 专业测评

Photoshop 的专长在于图像处理，而不是图形创作。图像处理是对已有的位图图像进行编辑加工处理或运用一些特殊效果。

2. 平面设计

平面设计是 Photoshop 应用最为广泛的领域，无论是图书封面，还是招贴、海报，这些平面印刷品通常都需要用 Photoshop 软件对图像进行处理。

3. 广告摄影

广告摄影对视觉要求非常严格，其最终成品往往要经过 Photoshop 的修改才能得到满意的效果。

4. 影像创意

影像创意是 Photoshop 的特长，通过 Photoshop 的处理可以将不同的对象组合在一起，使图像发生变化。

5. 网页制作

网络的普及促使更多人学习 Photoshop，因为在制作网页时

Photoshop 是必不可少的网页图像处理软件。

6. 后期修饰

在制作建筑效果图包括三维场景时，人物与配景包括场景的颜色常常需要在 Photoshop 中增加并调整。

7. 视觉创意与设计

视觉创意与设计是设计艺术的一个分支，此类设计通常没有非常明显的商业目的，但由于它为广大设计爱好者提供了广阔的设计空间，因此越来越多的设计爱好者开始学习 Photoshop，并进行具有个人特色与风格的视觉创意与设计。

8. 界面设计

界面设计是一个新兴的领域，受到越来越多的软件企业及开发者的重视。当前还没有用于界面设计的专业软件，因此绝大多数设计者使用的都是 Photoshop。

（二）彩影

彩影是一款功能强大、使用人性化的全新一代高画质、高速度数字图像处理软件。

1. 诸多独创的全新数字图像处理引擎技术带来完美品质

彩影独有的 PerfectImage 数字图像处理引擎使图像处理质量和还原能力高于其他图像处理软件。另一独创的 FasterImage 数字图像处理引擎则拥有优化的高速图像处理能力，无论是普通照片还是超大分辨率单反照片，其都能从容应对。

2. 人性化的设计

耗时 3 年打造的 HumanUI 组件界面技术颠覆了传统软件界面，从各个细节给用户带来无以伦比的全新人性化交互体验。而 OnePanel 界面技术操作便捷，操作者不必像传统软件那样在众多弹出窗口中疲于切换和设置，几乎所有的设置都不会弹出突兀的窗口。

3. 多图像窗口并发处理

有别于传统图像软件，彩影提供更方便且更专业的多图像窗口并发编辑功能。操作者可以一次性打开多张图片，并进行窗口间鼠标拖曳互相抠图，也可以直观地在同一编辑区域同时浏览和处理多个图像，尤其是在多张图片批量处理、相互对比、反复抠图等环节大幅降低了操作复杂度。

4. 最人性化的众多专业抠图技术

彩影提供方便、齐全的强大抠图工具，无须再像传统软件那样为了抠图而进行烦琐多余的抠图、保存、再加载叠加等操作步骤。彩影多图像窗口间任意拖放鼠标即可让专业抠图效果瞬间达成。

5. 创意相框、绚丽场景叠加，效果更精美更灵活

彩影是最早引入叠加场景的图像软件，让相片充满艺术、动感或星光闪烁等梦幻般的效果。新版更大幅提升了创意合成操作方式，操作比传统软件更便捷。拥有数量庞大的高品质精品素材库，素材质量更靓丽、更时尚、更惊艳，适用不同年龄、不同场合的各种需求。

6. 艺术合成照、蒙板照、强大抠图合成制作

彩影允许将不同窗口的数码相片通过蒙板或高级抠图工具进行艺术合成，制作艺术合成效果。支持功能丰富的专业级图层管理面板。此外软件还允许制作纯粹的蒙板照片。

7. 支持齐全的数码暗房效果以及完备的调整和修复功能

彩影拥有超过百种的专业数码暗房效果以及图像修复功能，结合 PerfectImage 和 FasterImage 数字图像处理引擎，所有效果算法比传统图像软件质量更优秀、更逼真细腻，修复能力更强，处理速度

也更快，而且还支持透明度保留运算。

8.趣味装饰物叠加功能

彩影自带众多风格的装饰小图片，允许将这些光彩夺目或可爱有趣的装饰图片直接拖放到数码相片上，让数码相片更加可爱、与众不同，迎合追求个性的潮流。

9.真正的艺术字效果

彩影具备字体极速任意缩放、任意拖放、任意旋转、水平和垂直扭曲或翻转、水平或垂直双方向排版、设置阴影、任意颜色不同方向渐变填充字体、任意图形填充字体、任意颜色描边、平滑字体边缘，支持多行编辑和各种字体属性等功能。

10.丰富的整套图像处理解决方案

彩影具有贴心的历史记录技术、灵活专业的多功能打印设置、灵活的对象自由变换技术、更人性化的全屏编辑模式、一站式统一缩放和导航、实用的原图与效果图对比功能、丰富的相片信息显示面板、硬件图片捕捉功能、图片批处理转换工具、GIF 动画闪图编辑工具、摄影展示框工具、精美日历制作、涂鸦工具、与多媒体巨匠“数码大师”软件协同工作等实用功能。

二、手机端

（一）美图秀秀

美图秀秀是 2008 年 10 月 8 日由厦门美图科技有限公司研发、推出的一款免费图片处理软件，有 iPhone 版、Android 版、PC 版、Windows 版、Phone 版、iPad 版及网页版，致力于为用户提供专业智能的拍照、修图服务。

美图秀秀的图片特效、美容、拼图、场景、边框、饰品等功能，可以1分钟做出影楼级照片，还能一键分享到新浪微博等社交平台。

（二）天天P图

天天P图为全能实用美图类APP，由腾讯出品。包括美化图片、自然美妆、疯狂变妆、魔法抠图等多个模块。简单实用的图片编辑功能，让手机也可轻松制作单反级效果。

1.美化照片

简单实用的照片编辑功能，专业特效、光斑虚化、智能补光、马赛克、星光镜，应有尽有。

2.人像美容

一键打造精致美颜，磨皮、祛痘、瘦脸、瘦身、长腿。

3.故事拼图

海量丰富的时尚拼图模板、智能水印，拼出你的故事心情。

4.自然美妆

智能五官精准定位，粉底、唇彩、腮红、鼻梁高光、修眉、染发，修出精致美妆范。

5.魔法抠图

修图独家法宝，轻松抠图，趣味场景，3D艺术效果，打造魔法修图趣味。

第二节　利用 Photoshop 进行图片处理

一、产品图片的美化处理

（一）产品图片的基本处理

通过精心处理过的产品图片能给人赏心悦目的感觉，从而激发顾客的购买欲望。下面介绍用 Photoshop 处理图片的基本方法。

1. 调整图片的角度

有时候，照片中景物的角度与我们的需要不符，这时候就需要用图片处理软件对其进行调整，具体操作步骤如下：

第一步：打开 Photoshop，执行“文件”→“打开”命令，打开要处理的图片，如图 3–1 所示。

图 3–1　打开要处理的图片

第二步：执行“图像”→“图像旋转”→“任意角度”命令，如图 3–2 所示。

图 3-2　执行“任意角度”命令

第三步：在弹出的“旋转画布”对话框内，将旋转角度设置为自己想要的角度，选择逆时针方向，如图 3-3 所示。

图 3-3　设置旋转角度

第四步：单击“确定”按钮，即可完成图片调整，如图 3–4 所示。

图 3–4　图像调整完成

2. 调整清晰度

拍摄的时候，由于光线不足或其他原因会导致拍出来的图片不够清晰，这时需要使用图片处理软件处理图片，具体操作步骤如下：

第一步：打开拍摄好的不清晰的图片，如图 3–5 所示。

图 3–5　打开图片

第二步：执行“图像”→“模式”→“Lab 颜色”命令，如图 3–6

所示。

图 3-6　执行“Lab 颜色”命令

第三步：打开图层面板，将“背景”图层拖动到“创建新图层”按钮上，即可复制背景图层，如图 3-7 所示。

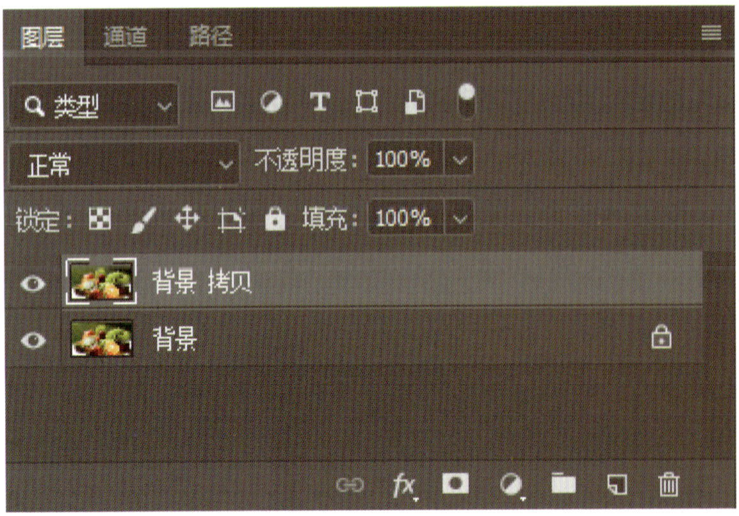

图 3-7　复制背景图层

第四步：执行“滤镜”→“锐化”→“USM 锐化”命令，弹出“USM 锐化”窗口，如图 3-8 所示。

图 3-8 “USM 锐化”界面

第五步：将图层模式设置为柔光，不透明度设置为90%，如图 3-9 所示。

图 3-9　调整图层模式

3. 图片裁切

有时候拍出来的图片我们只想选取一部分，这时需要用图片处理软件对图片进行裁切，具体步骤如下：

第一步：执行“文件”→“打开”命令，打开需要裁切的图片，如图 3-10 所示。

图 3-10　打开要处理的图片

第二步：在工具栏中选择“裁切”工具，在图像中选择要裁切的区域，如图 3-11 所示。

图 3-11　选择裁切区域

第三步：双击裁切区域，即可裁切图像，如图 3–12 所示。

图 3–12　完成裁切

（二）美化产品图片

现在图片的来源较为广泛，我们可以自己拍摄照片，还可以网上下载和扫描仪扫描等，这些图片往往需要用图片处理软件美化后才能使用，下面介绍几种常用的 Photoshop 美化图片功能。

1. 图片调色

第一步：执行“文件”→“打开”命令，打开一幅需要美化的图片，如图 3–13 所示。

第二步：执行“图像”→“调整”→“曲线”命令，弹出“曲线”窗口，如图 3–14 所示。

图 3-13 打开图片

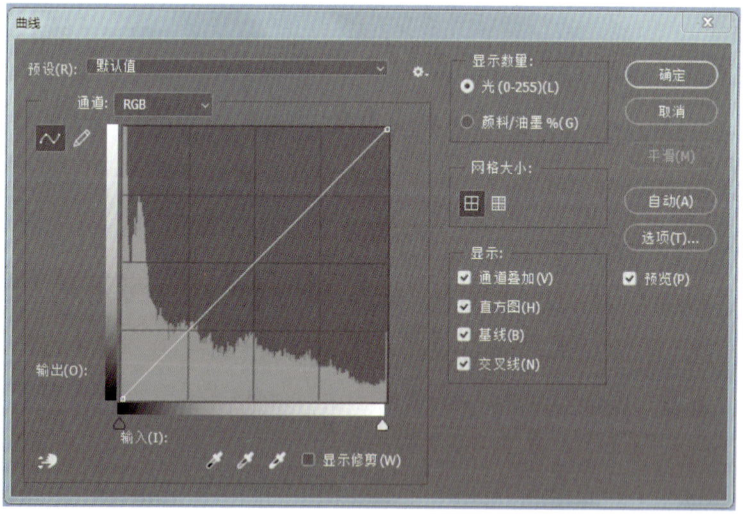

图 3-14 调整曲线界面

第三步：根据自己的要求，在弹出的窗口对曲线进行调整，如图 3-15 所示。

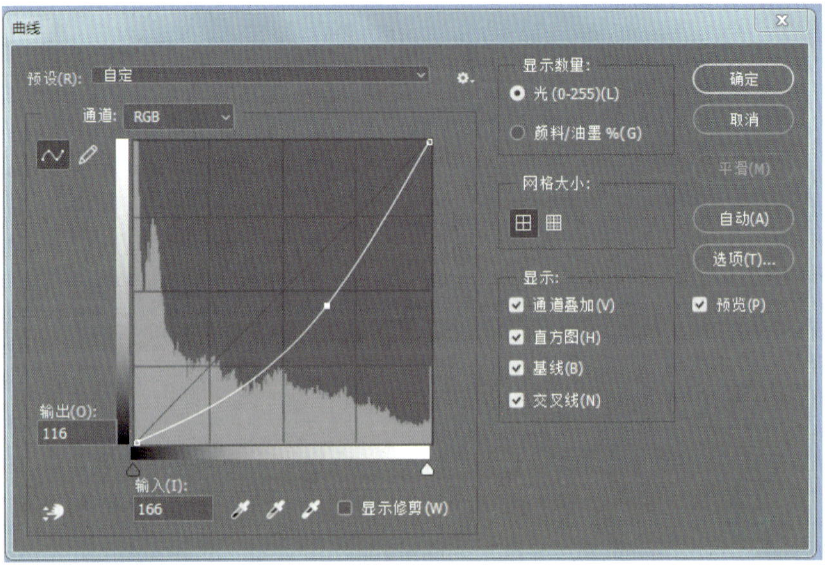

图 3-15 调整曲线

第四步：单击“确定”按钮，完成对图片颜色的调整，如图 3-16 所示。

图 3-16 调整后的效果

2. 添加水印

给图片加水印可以提高图片的艺术性，还可以避免被别人盗用，具体步骤如下：

第一步：执行“文件”→“打开”命令，打开图片，如图 3–17 所示。

图 3–17　打开图片

第二步：单击工具栏中的文字工具，在图片中输入文字“吐鲁番葡萄”，如图 3–18 所示。

第三步：执行“图层”→“图层样式”→“投影”命令，弹出“图层样式”窗口，如图 3–19 所示。

第四步：在该窗口设置相应的参数，单击“确定”按钮，如图 3–20 所示。

第五步：在该窗口设置相应的参数，单击“确定”按钮，如图 3–21 所示。

图 3-18　输入文字

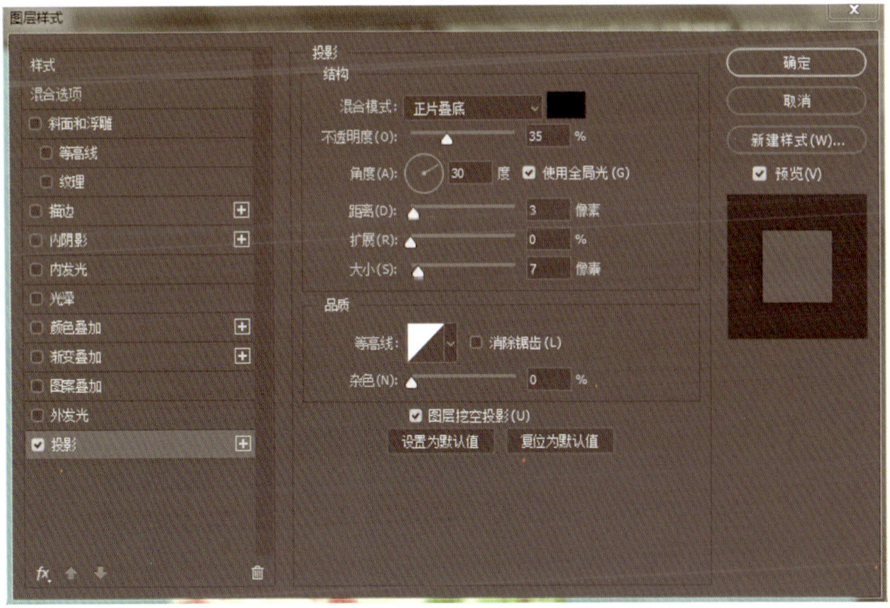

图 3-19　“图层样式”界面

图 3-20　设置图层样式图

图 3-21　设置完成的图片效果

二、处理产品图片的必知知识

（一）淘宝店上传图片的尺寸和格式规定

1. 店标图片尺寸和格式

宽 100 像素、高 100 像素，图片可以直接上传，无须放到相册。格式：jpg 或 gif（动态或是静态）。

2. 公告栏图片尺寸和格式

宽不要超过 350 像素，高度随意。格式：图片一定要支持淘宝的网上空间或相册，jpg 或 gif。

3. 产品分类图片尺寸和格式

宽不要超过 148 像素，长可以随意。格式：图片一定要支持淘宝的网上空间或相册，jpg 或 gif。图片地址不要超过 40 个字符。

4. 产品图片尺寸和格式

500 像素 ×500 像素，大小 120k 以内。格式：jpg 或 gif。

（二）转换图片格式的方法

单击图片右键，选择“编辑”，用系统自带的画图板打开，执行“文件”→“另存为”命令，在弹出的“另存为”对话框的下方选择你想要的文件格式，单击“保存”按钮，即可完成图片格式转换。

（三）利用模特展示商品的拍摄技巧

1. 拍摄站立的模特

头部和身体忌成一条直线，让身体转成一定的角度，使画面显得生动。双臂和双腿忌平行，可一曲一直或两者构成一定的角度。尽量让体形曲线分明，表现其富于魅力的曲线，让服装更具诱惑力。

2. 拍摄坐姿模特

坐姿人像比站姿人像局限性大一些，但坐姿能形成优美的曲线。

坐姿以与相机呈 45° 斜向坐姿为基准，分为斜侧向坐姿、背向坐姿与侧背向坐姿三种。而以上下身躯干所形成的角度来区分，则可分为直角坐姿、钝角坐姿与锐角坐姿。若以两腿交叉摆放的样式来分，则可分为大腿上交式与小腿下交式。不要用膝盖正对镜头，伸直小腿，和镜头呈 45° ，这样拉长腿型的效果好。

第三节　利用美图秀秀进行图片处理

一、使用方法

第一步：打开“美图秀秀”，如图 3–22 所示；若无该 APP，则先在手机应用商店下载。

第二步：进入主界面，可以选择相机、美化图片、人像美容、拼图、美图 AI 等。在这里选择“美化图片”，如图 3–23 所示。

图 3–22　打开美图秀秀 APP

图 3–23　美化图片

第三步：打开手机相册，选择一张图片，如图 3–24 所示。

第四步：打开后，可对图片进行编辑、增强、滤镜、边框、美容等处理。在这里选择“编辑”，如图 3–25 所示。

图 3–24　选择图片

图 3–25　编辑图片

第五步：选择裁剪的边框，按住箭头处放大或缩小，选中后，点击“确定裁剪”，再点击“√”，如图 3–26 所示。

第六步：裁剪成功后，点右上角的“√”，可以保存至相册内；点击“←”键，则返回上级菜单，如图 3–27 所示。

图 3-26　图片裁剪

图 3-27　保存图片

二、调色方法

第一步：打开手机里的美图秀秀软件，找到美化图片，如图 3-28 所示。

图 3-28　打开美图秀秀 APP

第二步：打开“美化图片”，从相册里选出你想要修的图片。选好图片后，打开“增强”，如图 3–29、图 3–30 所示。

图 3–29　美化图片

图 3–30　增强

第三步：这张图片光线偏暗，主题不够突出，需要提高它的亮度。点击“亮度”，向右调到 +20~+30，如图 3–31 所示。

第四步：亮度调好后，整个画面会偏白，颜色偏淡。这时需要调节饱和度。在这里想要突出的是树，饱和度调到 +90~+100，如图 3–32 所示。

第五步：调好饱和度后，要想更好地突出主题，可以点击“对比度”，调到 +17，范围控制在 30 以内。对比度太高，画质就会降低，如图 3–33 所示。

第六步：因为这是秋天拍的落叶的树，色温要调偏冷一点，但也不能太冷，太冷主题就不突出了。色温调到 –7，如图 3–34 所示。

图 3-31　调整亮度

图 3-32　调整饱和度

图 3-33　调节对比度

图 3-34　调整色温

第七步：经过以上几个步骤，照片就差不多修好了。这里用了高光，是为了凸显天空更蓝，调到 –40，如图 3–35 所示。

第八步：最后用了暗部改善，调到 –10。这一步也是为了更加突出这一排树，使层次更分明些，如图 3–36 所示。

图 3–35　高光调整

图 3–36　暗部改善

第九步：原图和修好后的对比，如图 3–37 所示。

图 3–37 修图前后对比

本章小结

想要让顾客充分了解你的产品,就需要提供高质量的产品图片。如果没办法找到适合的图片，我们就需要自己拍摄。在拍摄时一定要突出农产品的特色，再经专业处理后放到自己的网店里。把产品图片处理得更漂亮、美观，如果有包装，应该认真设计，选择好色彩搭配、样式等，这样会更吸引客户的眼球。在利用 PS 调整图片的过程中，要根据不同的需要配合图层蒙板、饱和度、色彩平衡等工具一起使用，针对不同的图片灵活运用各种工具，不能生搬硬套。在做图的时候，尽量多新建图层，在不同的图层上测试不同的技巧，使用不同的混合模式，多练习。

第四章

淘宝网和天猫网

导读

淘宝网和天猫网是阿里巴巴旗下的两个电子商务平台，其中天猫是从淘宝分化出来的。现在一般认为淘宝属于C2C平台，天猫属于B2C平台。在淘宝上开网店门槛比较低，而在天猫上开网店要求则高得多。

利用淘宝和天猫平台开展农产品电子商务，要特别注意熟悉平台的规则，即网规，做个明白人，这样可以少走弯路，少犯错误，把网店做大做强。网规是新商业文明治理规则体系的总称，它与“网商”“网货”共同构成新商业文明的三大支柱，以“开放、分享、透明、责任”为特质，以调整网商、网货、交易平台及外部环境之间的关系为主要内容，不断成形、进化、衍生、升级。

知识架构

- 淘宝网和天猫网
  - 淘宝网和天猫网概述
  - 淘宝店铺
  - 淘宝开店相关内容的分析
  - 店铺的推广
  - SEO、SEM 与网站流量数据分析

第一节　淘宝网和天猫网概述

一、淘宝网

淘宝网由阿里巴巴集团在 2003 年 5 月创立。淘宝网是中国深受欢迎的网购零售平台，拥有近 5 亿注册用户数，每天有超过 6 000 万固定访客，同时每天的在线商品数已经超过了 8 亿件，平均每分钟售出 4.8 万件商品。

2019 年 12 月 12 日，《汇桔网 · 2019 胡润品牌榜》发布，淘宝以 3 000 亿元品牌价值排名第四。

图 4–1　淘宝网 Logo

二、天猫网

天猫网原名淘宝商城，是一个综合性购物网站。2012 年 1 月 11 日上午，淘宝商城正式宣布更名为“天猫”。2012 年 3 月 29 日，天猫发布了全新 Logo 形象。2012 年 11 月 11 日，天猫借光棍节声名鹊起，宣称 13 小时卖了 100 亿元，创世界纪录。天猫是阿里巴巴打造的全新 B2C 平台，其整合数千家品牌商、生产商，为商家和消费者之间提供一站式解决方案。天猫提供有品质保证的商品，7 天无理由退货的售后服务，以及购物积分返现等服务。2014 年 2 月 19

日，阿里集团宣布天猫国际正式上线，为国内消费者直供海外原装进口商品。

图 4-2 天猫网 Logo

2012 年 1 月 11 日，淘宝商城在北京举行战略发布会，宣布更换中文品牌“淘宝商城”为“天猫”。淘宝商城总裁张勇表示，取这个名字一方面是因为“天猫”跟 tmall 发音接近，更重要的原因是随着 B2C 的发展，消费者需要全新的、与阿里巴巴大平台挂钩的代名词，“天猫”将提供一个定位和风格更加清晰的消费平台。猫是性感而有品位的，天猫网购，代表的就是时尚、性感、潮流和品质；猫天生挑剔，挑剔品质，挑剔品牌，挑剔环境，天猫网购就是要全力打造品质之城。

2018 年 11 月 26 日，天猫升级为“大天猫”，形成天猫事业群、天猫超市事业群、天猫进出口事业部三大板块。2019 年 3 月 6 日，阿里巴巴宣布在保持淘宝、天猫两个品牌独立发展的同时，将打通淘宝、天猫两个消费场景，实现消费者和平台商家的分层运营，满足不同消费者和商家的需求。2019 年 12 月 12 日，《汇桔网 · 2019 胡润品牌榜》发布，天猫以 3 200 亿元的品牌价值上榜 2019 中国最具价值民营品牌十强，排名第一；上榜 2019 电子商务和零售品牌价值全国排名第一，民营排名第一。

2020 年 1 月，2020 年全球最具价值 500 大品牌榜发布，天猫排名第 49 位。

三、淘宝网和天猫网的区别

虽然淘宝和天猫都是购物平台，但它们的卖家性质是存在区别的。天猫的店铺比淘宝的店铺更有信誉保障和实力，因为入驻天猫的都是一些有资质的商家，还有很多是品牌企业。

对于卖家来说，在天猫开店跟在淘宝开店所需要的费用是不一样的，天猫开店押金较高，不是普通个人卖家能够承担的。而在淘宝上开店只需很少的押金，甚至不用缴纳押金就可以。

天猫和淘宝都是购物网站，从某些方面来说，它们有相同之处也有不同之处。下面从买家和卖家的方面分别说一下天猫和淘宝的区别。

（一）买家角度

1．正品保障的差别

天猫上的店铺如果标明了品牌，在入驻天猫的时候，天猫官方会审核该店铺是否有这个品牌的销售权，比如品牌代理、专营或者可以提供合法的购货渠道等。而淘宝则没有官方审核。

2．后续退货的差别

不可否认，现在大多数的淘宝卖家也支持 7 天无理由退货，但是天猫这一点做得比淘宝集市要好一些。

3．卖家经营者的差别

淘宝上有很多兼职卖家，也就是自己有固定职业，有一定的渠道和时间，在淘宝网上开一个小店，这样的卖家在发货等方面都有一定的潜在拖延性。

天猫的卖家大都是职业卖家，有一定的资金积累，所以潜在拖延性相对较小。

当然了，淘宝上也是有不少大卖家的，他们的发货速度也很快。

（二）卖家角度

1．排名

排名是大多数卖家都关心的问题，一般来讲，天猫的卖家商品排名是优先于淘宝卖家的（所有因素均相同的情况下）。这样的话潜在客户会更多。

2．活动

官方的很多活动要求只有天猫商家才能参加，这样可以获得官方免费或者付费的推荐。

第二节　淘宝店铺

一、淘宝店铺概念解释

淘宝店铺指的是所有淘宝卖家在淘宝所使用的旺铺或者店铺，淘宝旺铺是相对普通店铺而诞生的。在淘宝上新开的店都是系统默认产生的店铺界面，就是常说的普通店铺。

淘宝旺铺（个性化店铺）服务是由淘宝提供给淘宝卖家，允许卖家使用淘宝提供的计算机和网络技术，实现区别于淘宝一般店铺展现形式的个性化店铺页面展现功能的服务。简单来说，就是花钱向淘宝买一个有个性、全新的店铺门面。

淘宝店铺广义上可以分为淘宝商城店铺（现更名为天猫商城）、淘宝无名良品店铺、淘宝集市店铺。

二、淘宝店铺入驻要求

（一）淘宝商城店铺

1．生产商

企业资质：申请企业需持有大陆企业营业执照、税务登记证。

品牌资质：申请企业需持有中国商标权证书（商标受理通知书）。

服务资质：申请企业需遵守淘宝商城7天无理由退换货、提供正规销售发票、积分活动等服务标准。

2．代理商

企业资质：申请企业需持有企业营业执照、税务登记证。

品牌资质：正规品牌授权书。

服务资质：申请企业需遵守淘宝商城7天无理由退换货、提供正规销售发票、积分活动等服务标准。

（二）淘宝无名良品店铺

1．通过无名良品商家认证

无名良品委托第三方认证机构对良品商家的资质进行认证。权威第三方机构认证安全可靠，认证流程严谨，严格把关。

商家提供材料，材料验证通过之后，无名良品还会进行严格的审核来决定商家是否通过最终认证。例如，结合相应行业的运营战略对该供货商生产能力进行综合判断，必要时会要求商家提供样品进一步审核，或者对供货商进行上门实地验证。

2．通过无名良品商品认证

无名良品委托第三方认证机构对良品商家的商品质量进行严格把控。审核通过的商品赋予良品独有的认证标识，从而提升消费者信心，让消费者买得放心。

无名良品商品认证说明：符合无名良品商品发布类目（不含食品保健品、图书音像、虚拟充值、服务类等）；商户经营商品品牌不在无名良品发布的限制品牌参考目录中；非品牌商品重点审核商品质量；严禁假冒、冒用、顶替品牌的商品；良品店铺销售产品同时需要满足在申请入驻的营业执照上的经营范围内。

（三）淘宝集市店铺

淘宝集市店铺需要淘宝注册用户进行实名认证即可免费创建店铺。

三、淘宝店铺的运营要点

想要在淘宝上让自己的店铺获取更大的利益，要注意以下几点：第一，店铺中的商品一定要是正品。第二，要看淘宝上最畅销的是哪些产品。选择市场上比较火爆的商品，店铺设计要简单明了，图片以实物照为准，让顾客有目睹实物的感觉。第三，对商品的描述要详细准确。有 65% 的顾客通常是通过搜索词进到店铺的，他们的购买欲望通常要比点击文字或图片链接等进来的要高。因此，访客搜索关键词也很重要，这还能为开店后吸引流量做好铺垫。在自身完善的情况下，注意要加强顾客服务，来增加自己的好评率。

图 4-3　网店运营要点

第三节　淘宝开店相关内容的分析

如果想要通过淘宝开店来创业，需要事先去学习淘宝开店的步骤、规则、条件和认证注意事项。了解了这些知识点之后，店铺会开得更快更好。下面具体分析一下这几个板块的内容。

一、开店步骤

第一步：注册淘宝账户。

第二步：支付宝账户绑定。

第三步：支付宝实名认证。

第四步：淘宝开店认证。

第五步：创建店铺。

二、开店资格条件判断

阿里巴巴工作人员无法创建淘宝店铺；一个身份证只能创建一个淘宝店铺；同账户如创建过 U 站或其他站点则无法创建淘宝店铺，可更换账户开店；同账户如创建过天猫店铺则无法创建淘宝店铺，可更换账户开店；同账户如在 1688 有过经营行为（发过供应产品信息、下单订购诚信通服务、卖家发起订单、报价、下单订购实地认证、开通旺铺、企业账户注册入口注册的企业账户）则无法创建淘宝店铺，可更换账户开店；淘宝账户如果违规被淘宝处罚永久禁止创建店铺，则无法创建淘宝店铺；经淘宝排查认证，您实际控制的其他淘宝账户有被淘宝处以特定严重违规行为处罚或发生过严重危机交易安全的情形，则无法创建淘宝店铺；企业店铺负责人关联的企业店铺数不能超过 5 家，企业店铺负责人包含但不限于该企业的法人、股东、淘宝店铺的运营人等；未进行芝麻信用授权，无法在淘宝创建店铺。

三、店铺创建成功后会出现的三种店铺异常规则

第一，出售中的宝贝数量连续 3 周为 0 件，系统会发送旺旺及邮件提醒您“宝贝数量连续 3 周为 0 件，必须发布宝贝，否则您的店铺将有可能暂时释放”。

第二，出售中的宝贝数量连续 4 周为 0 件，店铺会暂时释放，此时点击“查看我的店铺”，店铺不能正常显示；系统会发送旺旺及邮件告诉您“店铺已经暂时释放，但是我们将为您的店铺名保留一周，请任意发布一件闲置宝贝或上架仓库中的宝贝，24 小时后，店铺即可恢复之前开店状态”，店铺激活后店铺信誉、装修、订购的服务等都不受影响。

第三，出售中的宝贝数量连续 5 周为 0 件，店铺会彻底释放，店铺会被删除。系统会发送旺旺及邮件告诉您“店铺已经彻底释放，任何人都可以申请并使用您的店铺名称”。您需要登陆卖家中心操作激活店铺，按照提示完成指定操作，店铺就可重新开张。店铺激活后店铺信誉、装修、订购的服务等都不受影响。

四、淘宝开店认证注意事项

了解了以上内容之后，想要开一个淘宝店铺就不是一件很难的事情了。当然了，如果想要让店铺赚钱，还要多学习店铺运营的技能，比如选款、打造爆款、设计吸引人的标题及详情页等。

完成支付宝实名认证操作之后，请返回淘宝开店页面，点击“立

即认证”后，进入淘宝开店认证的页面，请仔细阅读提示信息并严格按要求进行填写。

拓展阅读

提高认证通过率攻略

第一，手持身份证照片内的证件文字信息必须完整清晰，否则您的认证将不通过，如图 4-4 所示。

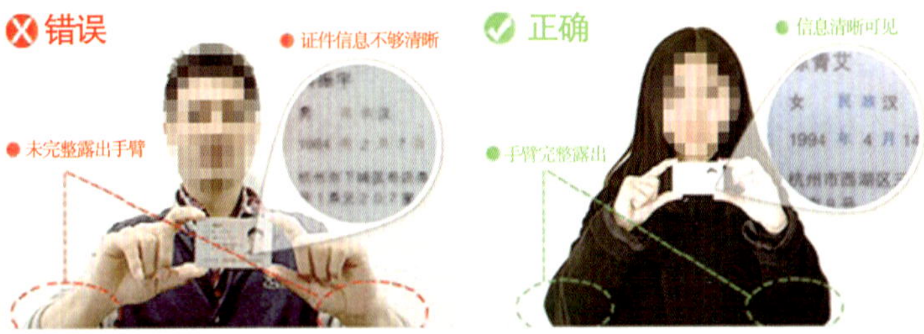

图 4-4　手持身份证照片内的证件文字信息必须完整清晰

第二，身份证有效期根据身份证背面（国徽面）准确填写，否则您的认证将不通过，如图 4-5 所示。

图 4-5　身份证有效期根据身份证背面（国徽面）准确填写

温馨提醒：身份证背面有效期不是长期的用户，不要选择“长期”，否则审核不通过，如图 4-6 所示。

图 4-6　身份证背面有效期是长期的用户才能选择“长期”

第三，如需上传身份证背面照，请确保证件文字清晰，且身份证有效期在 1 个月以上，如图 4-7 所示。

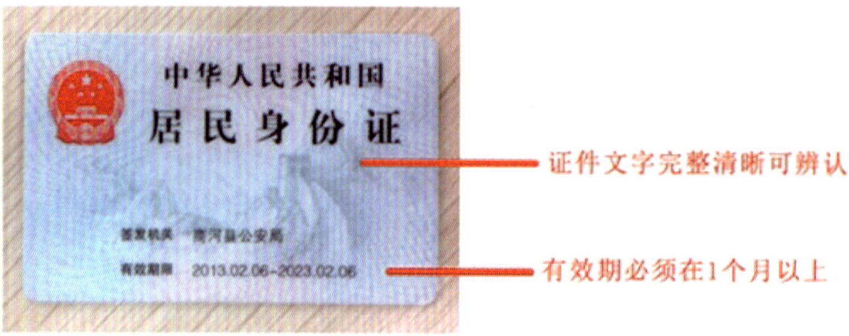

图 4-7　上传身份证背面照，请确保证件文字清晰

第四，填写完所有所需资料后，点击页面下方“提交”按钮，然后等待认证结果。淘宝会在 48 小时内完成认证，请耐心等待，如图 4-8 所示。

图 4-8　提交所有所需资料

五、淘宝大学

淘宝大学是针对网商需求，为网商提供的“一站式服务”。其面向的学员涵盖了企业级网商高、中、基层，传统企业转型电商负责人，高校电商专业教师及学生，创业型网商，并且大部分课程都是“实战”内容，能切实有效地提升学员的电商综合能力。已逐步形成了覆盖各网商群体的完善培训课程，包括针对中小卖家的“点亮淘宝路”活动，针对电商中层的“网商特训营”，针对电商基层专业人才的“电商精英”“企业内训师”项目，以及针对网商核心高层的“传统企业进驻电子商务总裁班”和“网商 MBA”培训课程，可有效地提升学员的电商综合能力。

第四节　店铺的推广

一、付费推广

（一）旺铺

旺铺是区别于普通店铺的标志，可以使店铺更加漂亮，更加吸引人，设置得好可以使人流连忘返。旺铺可以根据自己的想法设定更多的店铺，也可以增加更多产品展示的机会。如图 4–9 所示。

（二）消费者保障服务

消费者保障服务需要一定的费用，根据产品的不同所需的金额也不同。消费者保障服务最明显的效果就是可以提高店铺浏览量和成交量。也可以使产品排名更靠前，更容易让客户搜索到。还可以让买家对店铺增加信任度，有一定的保证。保证金是可以退还的，只是暂时被冻结在淘宝无法使用而已。如图 4–10 所示。

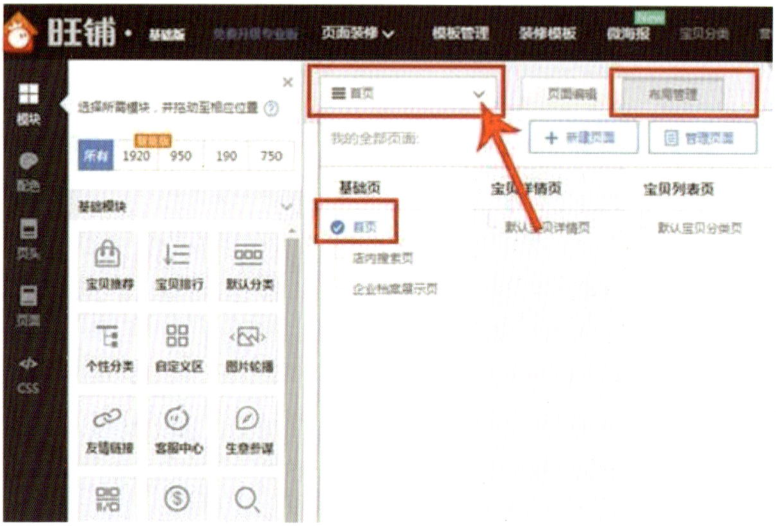

图 4–9　旺铺推广

图 4–10　消费者保障推广

（三）淘宝直通车

淘宝直通车是根据淘宝的点击率来收费的，点一下需要多少钱，每天可以设置上限用多少钱。如果商品价格没有优势，排在直通车的最后面，虽然店铺有一定的浏览量，但是销量却不会高，所以在参加时一定要选择价格有吸引力且正在促销的产品。如图 4–11 所示。

图 4-11　淘宝直通车推广

（四）淘宝客推广

淘宝客是淘宝卖家提供不属于淘宝的方式来推广和宣传自己的店铺和商品，在买家和卖家成交后，可以得到佣金的一种推广宣传方式。如图 4-12 所示。

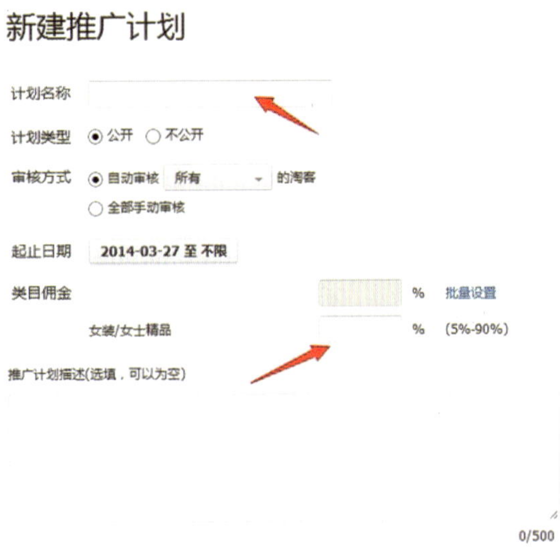

图 4-12　淘宝客推广

（五）赞助帮派论坛活动

随着淘宝上帮派论坛的红火，很多帮派的帮主或者论坛的护法等会经常提供一些活动。如果给这些活动提供奖品或者其他的支持，可以得到在帮派或者论坛首页的广告位宣传。宣传的范围针对本论坛和帮派的一些帮友。费用低，但效果一般，因为卖得多，买得少。如图 4–13 所示。

图 4–13　淘宝网论坛

（六）关键词广告

关键词广告也称为关键词检索，简单来说就是当用户利用某一关键词进行检索，在检索结果页面会出现与该关键词相关的广告内容。由于关键词广告是在特定关键词检索时，才出现在搜索结果页面的显著位置，所以其针对性非常高，是性价比较高的网络推广方式。如图 4–14 所示。

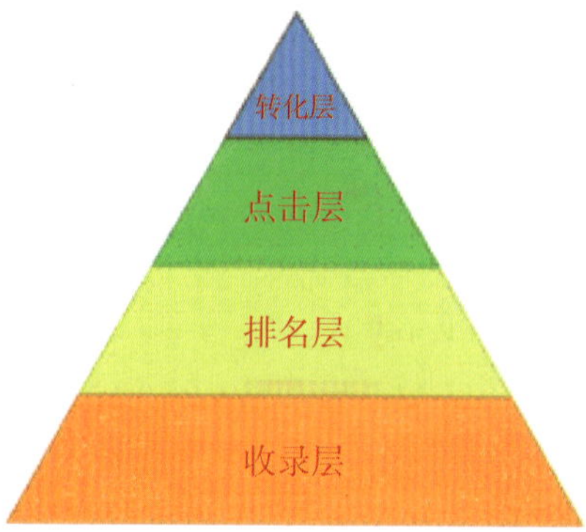

图 4–14　关键词漏斗

1. 类型

链接的关键字既可以是关键词，也可以是语句。目前，关键字广告主要有 5 种：

（1）公司关键字　即网页中凡涉及公司名称、产品或服务品牌的，都以超级链接方式，链接到公司相关的主页或网站。这种形式是网络广告的早期形式，目前很少有人采用。

（2）公众关键字　即将网页中出现的公众感兴趣的关键字链接到公司（产品）相关网站或主页。例如，有公司或产品形象代言人的企业，就可以用形象代言人的姓名作为关键词。

（3）语句广告　即以一句能够引起网民注意的话语超级链接到公司相关网站或主页，吸引网民点击进入浏览。这种关键字广告是目前广告主最常用的。

（4）搜索关键字　即公司预先向搜索引擎网站购买与企业、产品和服务相关的关键字，在网民使用搜索引擎，用到公司所购买的关键字搜索其所想找的信息时，与公司网站或网页超级链接的相关信息就出现在搜索结果页面突出位置的一种关键字广告形式。

（5）竞价排名广告　这种形式的广告是企业注册属于自己的“产品关键字”，这些“产品关键字”可以是产品或服务的具体名称，也可以是与产品或服务相关的关键词。当潜在客户通过搜索引擎寻找相应产品信息时，企业网站或网页信息出现在搜索引擎的搜索结果页面或合作网站页面醒目位置的一种广告形式。由于搜索结果的排名或在页面中出现的位置是根据客户出价的多少进行排列，故称为竞价排名广告。这种广告按点击次数收费，企业可以根据实际出价，自由选择竞价广告所在的页面位置。企业能够将自己的广告链接更加有的放矢地发布到某一页面，而只有对该内容感兴趣的网民才会点击进入，因此广告的针对性很强。

2.本质

关键词广告本质上属于网络广告的范畴，是网络广告的一种特殊形式。关键词广告具有较高的定位程度，可以提供即时的点击率效果，可以随时修改关键词，收费也比较合理，因而逐渐成为搜索引擎营销的常用形式。

关键词广告最重要的是选好关键词。关键词选得好，不但可使广告费花在刀刃上，而且能最大限度地吸引专业客户。

关键词广告可以自定每天的点击次数，一旦超过就自动停止，以便控制广告费预算。

3.特点

（1）关键词广告的形式比较简单　通常是文字广告，其中主要包含广告标题、简介、网址等要素，一般在搜索结果页面中与自然搜索结果分开，如百度等搜索引擎都采取这种模式。

（2）关键词广告可以随时进行投放　关键词广告信息可以随时出现在检索结果中，也可以随时终止投放。根据这一特点，如果一个网站刚刚建成发布，采用其他推广方法进行推广可能有一定的滞后效应，那么就可以采用关键词广告推广来获得用户的关注。

（3）关键词广告一般采用按点击收费的计价模式且费用可以控制　关键词广告只有用户点击广告才开始计费，对于只是显示而没有点击的情况并不需要付费，因此所有的费用都是“有效的”，改变了一般收费搜索引擎一次性付费的弊端。

（4）关键词广告信息出现的位置可以进行选择　通过关键词的合理选择，以及对每次点击价格等进行合理设置，就可以预先估算推广信息可能出现的大致位置，从而避免了一般网络广告的盲目性，对于自然检索结果排名位置的不可预测性也是一个补充。

（5）关键词广告信息可以方便地进行调整　出现在搜索结果页面的关键词广告信息，包括标题、内容摘要、链接 URL 等都是用户自行设定的，并且可以方便地进行调整，这与搜索引擎自然检索结果中的信息完全不同。自然检索结果中的网页标题和摘要信息取决于搜索引擎自身的检索规则，用户只能被动适应。如果网页的搜索引擎友好性不太理想，显示的摘要信息对用户没有吸引力，就无法保证推广效果。

（6）可引导潜在用户直达任何一个期望的目的网页　由于关键词广告信息是由用户自行设定的，当用户点击推广信息标题链接时，可以引导用户来到任何一个期望的网页。在自然检索结果中，搜索引擎收录的网页和网址是一一对应的，即摘要信息的标题就是网页的标题（或者其中的部分信息），摘要信息也摘自该网页。而在关键词广告信息中可以根据需要设计更有吸引力的标题和摘要信息，并可以让推广信息链接到期望的目的网页，如重要产品页面等。

（7）关键词广告可以随时查看流量统计　购买了关键词广告之后，服务商通常会为用户提供一个管理入口，可以实时在线查看广告点击情况以及产生的费用。可以查询的指标一般包括：每个关键词已经显示的次数和被点击的次数、点击率、关键词的当前价格、每天的点击次数和费用、累计费用等。经常对广告效果的统计报告进行记录和分析很有必要。如果同时购买多个关键词，还有必要进行比较分析，这样可以逐步积累使用关键词广告的经验。

4. 优势

（1）关键词广告有助于提升公司网络知名度　搜索引擎具有绝对领先的网络商业流量，搜索引擎关键字营销是网络营销中最重要的部分之一。网站在搜索引擎网站中的排名直接影响企业的网络知名度。

（2）关键词广告有更好的针对性和目标性　只有当网民使用了企业购买的关键词时，企业相关信息才会出现在搜索结果页面的显著位置，而使用这些关键词的浏览者往往是对这些信息感兴趣的人，因此关键词广告具有很强的针对性和目的性。

（3）关键词广告有较为明确的效果　关键词广告一旦投放，关键词的选择和排名直接影响到企业知名度的网络排名和网站流量，效果较为迅速和直接。

（4）关键词广告成本较低，容易控制成本预算　点击付费广告的特点是展示免费，点击付费，关键词的选择和广告预算随时变化，自由掌控。

（5）关键词广告具有良好的投资回报率　相对于报纸、杂志、电视等传统媒体的广告投入，搜索引擎广告更经济，具有良好的投资回报率。

二、免费推广

（一）可利用的平台与工具

1. 社区平台

在相关的社区平台做一些推广也是很不错的。通过社区互动发布一些网店信息，也能够带来一定的流量和客户。

2. 分类信息网

这类网站的内容分得比较详细，各行各业都有，针对性比较强，店主可以通过这些平台找到对应的行业发布一些图文信息，效果也是很不错的。

3. 论坛推广

现在也有很多大型的论坛，有一些互动的贴吧，发布一些带有吸引力标题的文章，会给网站短时间带来很大的流量。

4. 邮件推广

作为店主可以在平时收集一些邮箱，这样在遇到大型的活动促销时，能够拿出来作为推广。其受众面广，效果也不错。

5. 直播推广法

现在视频直播很受欢迎，网络快节奏的发展，使网民更加青睐直观的视觉感受，直播的推广会带来更大的流量。

拓展阅读

淘宝网店免费推广方法

1.SNS 网店软文推广法

现在 SNS 类型的网店非常流行，去 SNS 网店主要是去几个有人气的 SNS 网店，有针对性地加几百上千个用户。然后选择合适的软文并合理地附带上网店链接，发表到自己的日志里。最后让自己的一些好友分享。这样就能让很多人都关注到你的文章，关注到你的网店。

2.SNS 网店 API 合作推广法

如果你自己或员工有一定的技术实力，可以开发一些和自己网店产品相关的小插件。只要有开放 API 的 SNS 网店都去挂一下。

3. 收藏夹推广法

把一些精彩内容的页面添加到 QQ 书签、百度搜藏等，让喜欢这些内容的网民去阅读、收藏。

4. 版主联盟推广法

这个方法适合论坛社区网店的推广。也就是先去加入一些版主联盟，每天把论坛的一些精彩内容提交上去，等待被相关频道录用，一经录用，就会给你带去不少的流量。

5.QQ 群推广法

用几十个 QQ，每个 QQ 加入几十个群，每天发一遍网店。如果 QQ 更多，加入的群更多，加入的是大群，每个群的人数更多，则宣传效果更好。即使排除不在线的 QQ 用户，其效果也不容低估。

6. 软文推广法

写文章，或者引用好文章，在里面巧妙地加入自己的店铺网址。

7. 论坛推广法

注册几十个几百个论坛，每个论坛注册几十个账号，把签名设为自己的网店。发表热门内容，自己顶自己帖子。这里说的论坛是指泛论坛，包含留言本、论坛、贴吧等一切网民可能聚集的地方。

8. 电子邮件自动回复推广法

就是在邮箱设置自动回复，把网店的地址和网店介绍设置为自动回复内容。当你接收到任何一封邮件的时候，邮箱就会自动回复过去。

（二）流量推广经验

第一，使用淘宝助理添加商品时，每隔 30 分钟上传一个，上网高峰期可将时间调整为 10~20 分钟，这样操作可获得更多展示机会，让更多用户看到你的商品，从而提高淘宝店铺流量。

第二，在淘宝论坛发布有意义的帖子，例如进货经验、开店感想，吸引论坛用户前来灌水。如果读者产生共鸣，就会与你交流或访问你的网店，达到免费宣传的目的。

第三，加入商盟，积极参加商盟举办的各种活动，以便展示自己的商品。

第四，友情链接可以为网店带来稳定的流量，尽量选择与自己网店经营商品互补的网店，例如，手机网店与手机配件网店相互链接对双方都十分有利。

第五节　SEO、SEM 与网站流量数据分析

一、SEO、SEM 与网站流量数据分析的关系

搜索引擎优化又称为 SEO，它是一种通过分析搜索引擎的排名规律，了解各种搜索引擎怎样进行搜索、怎样抓取互联网页面、怎样确定特定关键词的搜索结果排名的技术。搜索引擎采用易于被搜索引用的手段，对网站进行针对性的优化，提高网站在搜索引擎中的自然排名，吸引更多的用户访问网站，提高网站的访问量，提高网站的销售能力和宣传能力，从而提升网站的品牌效应。

搜索引擎优化处理，其实就是为让搜索引擎更易接受本网站。搜索引擎往往会比对不同网站的内容，再通过浏览器把内容以最完整、最直接及最快的速度提供给网络用户。

搜索引擎营销又称为 SEM，简单来说，搜索引擎营销就是基于搜索引擎平台的网络营销,利用人们对搜索引擎的依赖和使用习惯，在人们检索信息的时候将信息传递给目标用户。搜索引擎营销的基本思想是让用户发现信息，并通过点击进入网页，进一步了解所需要的信息。企业通过搜索引擎付费推广，让用户可以直接与公司客服进行交流、了解，实现交易。

在介绍搜索引擎策略时，一般认为，搜索引擎优化设计主要目

标有两个层次：被搜索引擎收录、在搜索结果中排名靠前。简单来说SEM所做的就是以最小的投入在搜索引擎中获最大的访问量并产生商业价值。多数网络营销人员和专业服务商对搜索引擎的目标设定也基本处于这个水平。但从实际情况来看，仅仅做到被搜索引擎收录并且在搜索结果中排名还不够靠前，因为取得这样的效果实际上并不一定能增加用户的点击率，更不能保证将访问者转化为顾客或者潜在顾客，因此只能说是搜索引擎营销策略中两个最基本的目标。

SEM的方法包括SEO、付费排名、精准广告以及付费收录等。

随着互联网技术的飞速发展，网络站点和网民的数量也急剧增加。评估网站的价值，判断网站的发展潜力，估计网站的收入等，都需要对网站的流量数据进行分析。在网站的数据分析中，直接用于SEO的地方只占一小部分，但因SEO的性质，几乎网站的所有数据又都可以与其有所联系。数据分析是SEO的核心环节，网站数据分析的结果直接影响着SEO的方向和整个策略的制定与调整，流量数据分析是SEO工作的大脑。这里将就提高网站流量策略如何进行SEO技术优化，来满足当前计算机的检索、提升应用效益、保证网站持续发展进行讨论。

SEO是遵循搜索引擎科学而全面的理论机制，对网站的结构、站点的交互和网页内容等进行合理的规划和部署，来发展网站的潜力，提高网站的浏览量，使得网站在搜索引擎检索时，具有自然排名的优势和更多的收录数量。

SEO的应用目的及其分析：获得来自搜索引擎大量的流量，向浏览者推送某一实体或虚拟商品；吸引潜在客户来购买自己网站的商品及服务；依靠搜索引擎的流量来吸引广告商在网站上投放广告；

从搜索引擎引来充足的浏览量来扩大品牌的知名度；让搜索引擎给网站带来巨大的流量，使得网站的业绩提升，提高网站的世界排名，从而吸引投资者。

掌握 SEO 技术，了解了搜索引擎的收录规则，可以提高网站被捕捉的质量，在搜索引擎中获得较好的排名，从而达到提高网站浏览量的目的。

对于不同的网站，搜索引擎的应用原则不同，SEO 的手段也就不同。例如淘宝网店平台、销售网站等，需要大量的搜索引擎流量来推动自身商品的销售，为其他浏览者提供商品的展示与参考。品牌网站是网站进行宣传的有效平台，交友网站和会员模式的网站都会受到浏览者的注意。比如苏宁易购和三联家电，他们都是通过放大流量的方式在搜索引擎上进行优化，提高品牌效应。有些则是将流量作为产品，使得网站流量被扩大，对网站的整体排名予以提高，以发挥网站的效益作用。通过放大流量来吸引广告投资商，以此盈利，如百度推广等。需要注意的是，并不是所有网站都追求高流量，很多网站关注有效流量更甚于高流量。

二、网站流量统计

（一）网站流量指标

1．独立访问者数量

独立访问者数量也称为独立用户数量和独立 IP 数量，描述了网站访问者的总体状况，指在一定统计周期内访问网站的数量。每个固定的访问者只代表一个唯一的用户，无论他访问了网站多少次。独立访问者越多，说明网站推广越有效。独立访问数量与网页浏览数之间有密切的联系，是网站流量分析中的一个重要数据。

2. 页面浏览数

页面浏览数指访问者进入某网站后，浏览该网站的页数。每打开一个网页或刷新下一个网站都算一个网站页面访问。可以用一段时间的网页浏览数来评价这一时间段的 SEO 工作。

3. 搜索词

搜索词是商品或者虚拟商品的具体名称，即用户在搜索引擎中搜索的关键词。它在 SEO 的流量数据分析中是重要的指标。

4. 着陆页

通过分析着陆页，可以扩展 SEO 的操作空间。SEO 的理想目标就是网站所有拥有有效内容的网页都是搜索流量的着陆页。

在竞价排名广告中，着陆页可以通过不同的定制来衡量不同的广告效果。

（二）网络流量测量方法

1. 主动测量

主动测量是通过发送一些探测包来测量网络性能，比如往返时延等。该方法的优点是具有可控性，可以针对特定的性能问题设计需要采集的协议数据，但由于测量过程中不可避免地要向运行网络中注入流量，使用不当也会增加网络的负载，干扰测量结果的准确性。目前已经开发了许多主动测量的工具。

2. 被动测量

被动测量是通过软件或硬件探针采集网络的实际流量数据，通过对这些数据分析，可以了解各个粒度的时间段内网络的运行效率，例如网络中各种协议的运行状况、宽带利用率等。这种方法的局限在于只能测量现存的流量，而不能通过预先定义流量模型进行测量。

3. 测量工具

按照测量方法可分为主动分析工具和被动分析工具。按照测量的内容可分为性能测量工具、流量测量工具。

三、网站流量的分析技术

通常网络流量统计分析的方式有三种：日志文件分析、页面标记和网络嗅探分析。

（一）日志文件分析法

日志产生的原理：当访客客户端与浏览器建立连接以后，浏览器通过 socket 向网络服务器发送请求。服务器接受请求，再根据请求找到客户端需要的文件，在日志中记录下这个访客的请求信息，最后服务器将浏览器请求的文件发送给浏览器。

典型的网站日志文件包含的信息：远程主机的 IP 地址、访客登录名、请求方法、请求的文件地址、请求的状态、被请求的文档大小。

日志文件是日志分析法的数据来源，通过对日志的数据信息分析重组等操作后，得到统计结果，最后经过 SEO 工作人员进行分析和解读。日志分析法分析的数据与终端无关，不管是通过手机还是电脑访问网站，都可以清晰地记录访客信息。而且数据分析的数据不依赖第三方的支持，只要有访客访问服务器就会被记录。但是随着代理服务器缓存和浏览器缓存的诞生，日志记录访问量少于真实访问量。日志分析法不能精确地辨别独立的访客，因为日志分析法主要依据访客的 IP 地址来区分，可能导致同一个局域网下的所有访客被认为是同一访客。

（二）页面标记法

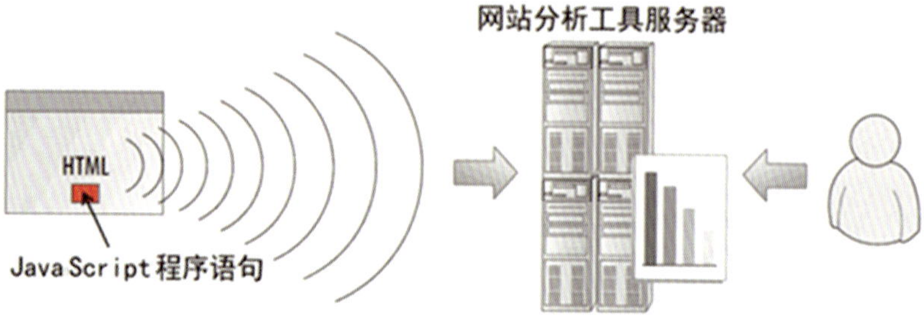

图 4-15　页面标记法原理图

一段可以被浏览器执行的 JavaScript 程序语句，放在页面的 HTML 源文件中。当页面被下载到客户端浏览器的时候，这段页面标记的 JavaScript 程序就会被执行，代码被执行后，就会如实把访问者在页面上的互动访问行为不间断地发送给这个页面标记所对应的网站分析工具的服务器。网站分析工具的服务器收到数据后，会进一步处理这些数据，并把这些数据翻译成人们能够阅读和分析的图形、表格及数据文件，并将其呈现在用户的界面上。

页面标记法不受代理服务器缓存和流量器缓存的影响，即使网页被代理服务器的缓存或客户端浏览器的缓存保存下来，页面标记的源代码也会跟着一起被保存，并且当浏览器载入页面时一起被执行。

（三）网络嗅探分析技术

网络嗅探技术是指利用计算机网路的接口截获目的地为其他计算机的数据报文的一种技术。网络嗅探工作在网络的底层，把网络传输的全部数据记录下来。

客户浏览器所有的请求都会通过嗅探器发送给服务器，因此嗅探器获得的数据会很全面。当需要收集很大范围的数据时，采用嗅探技术是一个好的选择。嗅探监控技术是一种比较先进的网络分析技术，但成本较高，还会占用额外的系统资源，会严重影响网站被访问的速度，因此很少被人使用，也没有流行起来。

四、利用 SEO 技术提高网站流量

要想获得更多的浏览量，对网站进行优化是必需的，同时 SEO 技术也显得尤为重要。接下来列举利用 SEO 来提高网站流量的策略和方法。

（一）关键词优化策略

要做好网站关键词排名，首先就要定位好网站关键词。只有定位好关键词，搜索引擎才能准确地捕捉到网站，被捕捉到的次数越多，流量才有提高的可能。

1. 定位关键词的原则

关键词不要太宽泛；避开竞争，精确定位；使用扩展关键词，扩展关键词在主流搜索引擎优化行业被称为长尾关键词，也就是那些比较长的、较少人使用但也能给你带来一些买家的关键词；使用好的关键词组合，选择关键词组合的方法是一个主流热门关键词加两个扩展关键词，不宜堆砌关键词，否则会让浏览者不舒服；使用吸引眼球的关键词——形容词；关键词与主营商品或服务相关；注意关键词的前后顺序；关键词不要太单一；关键词符合用户搜索习惯。

2. 优化策略

第一，利用搜索引擎和竞争用户数据来初步定位网站关键词。要选取网站关键词就要了解行业关键词的竞争力度。通过搜索引擎数据找寻关键词，利用初选关键词结合行业数据进行关键词前期定位。

第二，利用网站布局站中站来优化细分关键词。定位好关键词后就要进行优化推广了，面对已经有指数的关键词，即使竞争力度

不大，想要在短期内参与排名也有一定的难度，而最有效的方法就是内容。要去顺应搜索引擎的搜索方式，推广自己的网站。因此，我们可以将每个重点关键词内容展示做成站中站的形式。这样的布局方式既不会因为大量二级域名的滋生而被判为站群被处罚，也不会因为单词的文字内容而影响内页的竞争力。

（二）外部链接策略

1. 外部链接的技巧

获得外部链接的难度越大，价值越高。要获得高权重网站的链接，需要付出更多的时间和金钱。做一些分类栏目和内页的链接，精准度更高，也有利于促进内页的排名和收录。

2. 外部链接的获得途径

外部链接的获得有很多种方法，但最好的方法就是提供有价值的内容，然后让别人自动链接到你。下边分享一下获得外部链接的基本方法。

（1）论坛主题贴　论坛中一般不允许发布广告性的东西，但是如果你的主题帖非常有意义，就能在文章的最后带上你的链接。这样的帖子也容易被收录，所以链接也会被计算在内。

（2）发布文章　自己的文章写好之后，可以发表到其他网站中，有些网站不通过审核就能发表文章，这是留下链接的好机会。

（3）提供线上服务　线上服务不一定非要很专业，有时娱乐性或者实用性的服务也会受到大家欢迎，对于站长来说，在线 PR 查询、关键词密度甚至有趣的小游戏等，都非常适合。这样就会有人收藏或者链接到你的网站。

（4）提供免费下载　包括实用的电子书，或者是一些插件、建站素材等，都可以吸引用户链接到网站。

（5）分类目录　分类目录权重比较高，但很难被收录，所以需要登录一些行业或者地区性的网站分类目录。分类目录类似于免费导航，但不同于导航。

（6）软文或者新闻稿　如果新闻稿被百度收录，那么会被很多网站转载和二次传播，同时也会把链接都转载，这些链接都是单向的，除了可以宣传我们的品牌之外，还能增加外部链接。

（7）网摘和书签　现在的网摘和书签里的链接能分享给很多人，同时也会出现在网摘上边。这些网摘是用户对网站的评价，对排名有积极的影响。

（8）利用百度百科　百度百科能为网站直接提供流量。但是最重要的是能够提供一个链接，这个链接能传递非常高的权重给网站。

本章小结

淘宝网和天猫网这两个平台现在是中国电子商务的主流平台。它们创造了巨大的价值。从事乡村电子商务者，要善于利用这两个平台，以及其他如京东、拼多多等平台。

第五章

微店与微商

导读

本章分别介绍了微店和微商的定义、发展历史、模式以及优缺点。同时，对微店注册开通以及在此过程中遇到的问题进行了详解的介绍，并且以京东微店为例，进行了全方位的解读。最后，对微商现阶段遇到的问题进行分析，提出对策，对微商未来发展进行了展望。

知识架构

- 微店与微商
  - 微店简介
  - 京东微店
  - 微商简介
  - 微商市场现状与发展策略分析

第一节 微店简介

一、微店的定义和类型

（一）微店定义

微店是微信兴起后的产物，本质上是提供让微商入驻的平台，类似PC端建站的工具，不同于移动电商的APP，其主要利用HTML5（H5）技术生成店铺页面，商家可以直接装修店铺，上传商品信息，还可通过自主分发链接的方式与社交结合进行引流，完成交易。

（二）微店类型

1.两种模式

第一种：B2C模式，如京东微店，直接通过商家对接消费者。

第二种：类似于C2C模式，多面向个体，其中C2C类模式的居多。

2.三大阵营

第一阵营：平台类型，如微信小店、京东拍拍微店、淘宝微店、微商店等。

第二阵营：主打服务，如微盟、京拍档、各大电商平台推出的微店（主要服务于开放平台，一方面立足自身的购物APP主打中心化移动电商，另一方面借助微店形成去中心化移动电商的布局）。

第三阵营：主要是由个人推出的一种创建微商城的工具。

二、微店发展历程

2013 年，微店开始崛起。

2014 年 1 月，电商导购 APP 口袋购物推出 “微店”。

2014 年 5 月，腾讯微信公众平台推出“微信小店”。同年 10 月，京东拍拍微店也宣布完成升级测试，并与京东商城系统实现全面打通，开始大规模招商。

2015 年上半年，移动开店平台扎堆入场，包括微盟萌店、1 号 V 店、拍拍小店等。平台微商着力于用户运营，微店、微盟萌店、微商店等用户规模迅速扩大。与此同时，淘宝微店也大举进入。淘宝可以让卖家们的淘宝店架设到微信公众平台上。微店的资源优势和支付方式如表 5-1 所示。

表 5-1 微店的资源优势和支付方式

微店平台	资源优势	支付方式
腾讯微店	腾讯资源，可借微信实现流量导入	微信支付、财付通等
淘宝微店	有阿里资源支持，原有商家可实现大量资源和流量导入	支付宝等
京东微店	与京东商城系统全面打通，有来自微信、手机 QQ 和自身购物入口的流量红利	微信支付、财付通等

三、微店开店介绍

微店致力于打造“口碑小店 + 回头客”的生意模式，为消费者提供优质服务，帮助有梦想的人创业，是一个基于社交关系的电商购物平台。公司成立于 2011 年 5 月 19 日，办公地点主要位于北京、杭州两地。现有员工大都来自 BAT 及其他一线互联网知名公司。

（一）微店官网介绍

微店官网主要包括微店店长版、微店连锁版、微店分销、行业解决方案、微店开放平台、合作报名和帮助中心。如图 5-1 所示。

图 5-1　微店官网

1. 微店店长版

微店店长版如图 5-2 所示。

图 5-2　微店店长版

2. 微店连锁版

总部统一管理，门店自主经营。主要有以下优势：

第一，让每个门店拥有独立微商城，自主经营，拓展线上生意。

总部统一管理各网店，打造营销、会员中台，通过精细化会员运营、社交化营销玩法，赋能多门店、多网点经营，总部与网店互联互通，高效管理，快速实现线上规模化扩张。

第二，总部、网店互联互通，让管理更高效。总部统一装修、统一商品池、统一品牌形象输出；总部授予门店经营权，包括定价、库存、营销等；订单、商品、客户数据无缝对接，支持数据汇集；网店有独立账户，支持灵活调账，账目清晰。

第三，总部统一配置，让网店经营更高效。网店直接从总部商品池选货上架，降低运营成本；总部策划营销活动，一键下放到网店，高效执行；网店发展内部员工为分销员，随时随地分享卖货；全渠道开店，快递物流发货，覆盖更多潜在客户。

第四，统一会员体系，提升客户消费体验。客户一店办卡，多店通用，提升消费体验。会员消费越多，等级越高，培养超级会员享受专属权益，定期发券，提升会员消费体验。

第五，支持多种连锁模式。直营模式，总部强管控，网店来执行，快速复制，线上规模化扩张；加盟模式，总部弱管控，网店自主经营，赋能外部销售渠道，快速实现线上生意增长；联营模式，总部搭建线上平台，网店入驻经营，互联互通，共同拓展线上生意。

3. 微店分销

微店分销如图 5-3 所示。

4.VIP 客户定制开发

VIP 客户定制开发如图 5-4 所示。

5. 微店 APP

微店 APP 如图 5-5 所示。

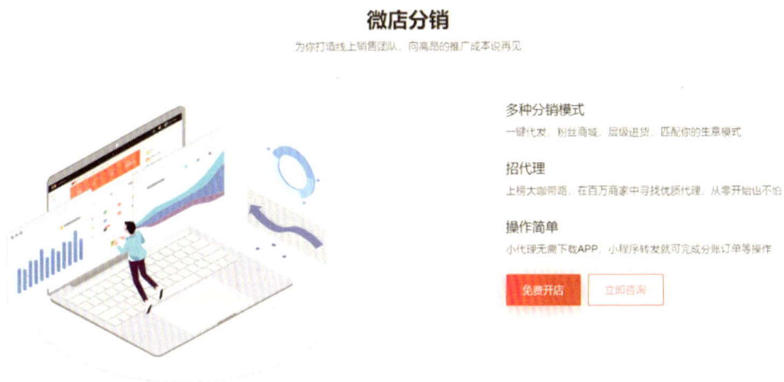

图 5-3　微店分销

图 5-4　VIP 客户定制开发

图 5-5　微店 APP

（二）微店常见问题答疑

1. 常见问题帮助中心

点击主页最右边“帮助中心”→“我是卖家”。主要功能包括搜索、商品上架与设置、提现周期、开店资质、收费标准、营销推广、微信支付等。

2. 在线客服

问题内容丰富，基本上解决了新手遇到的所有问题。如果您的问题在这里解决不掉，在同一页面下还有在线客服 24 小时答疑。

（三）微店开店流程

第一步：认识微店，如图 5–6 所示。

图 5–6 认识微店

第二步：注册微店，如图 5–7 至图 5–10 所示。

图 5-7　注册微店流程（1）

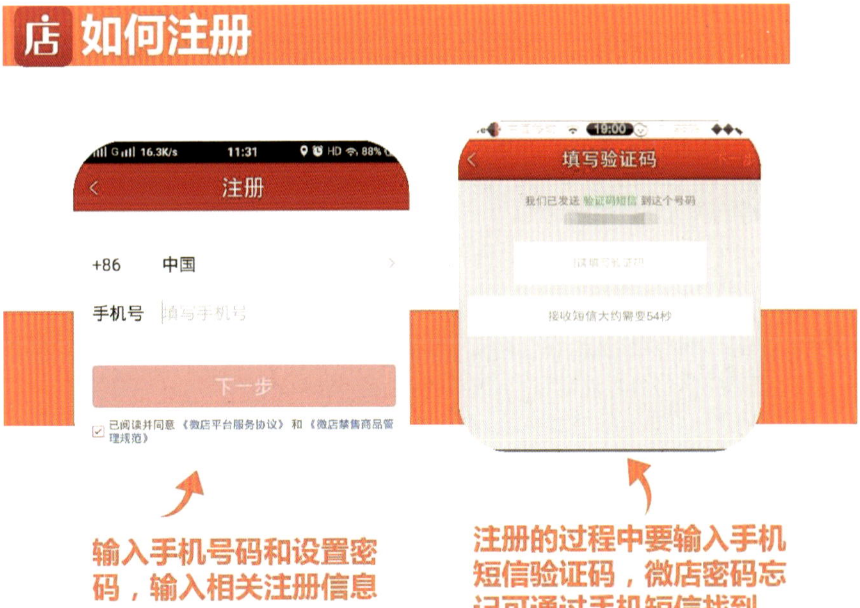

图 5-8　注册微店流程（2）

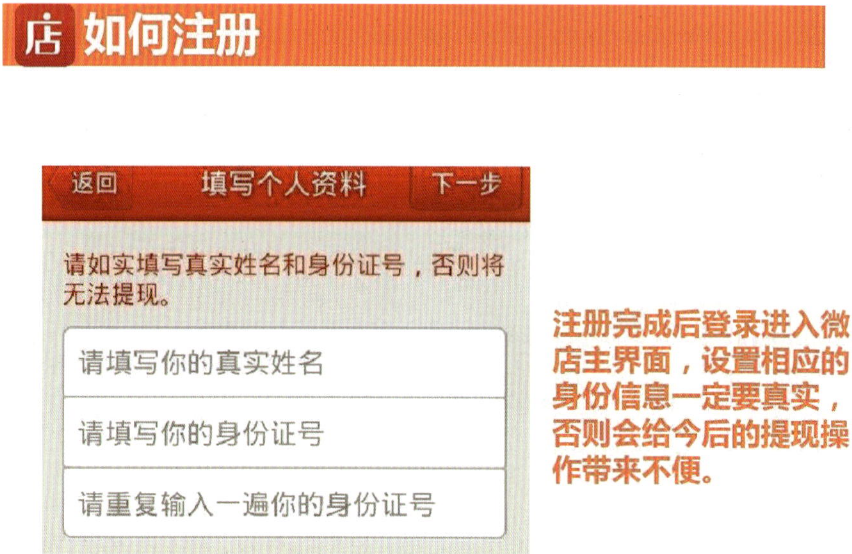

图 5-9　注册微店流程（3）

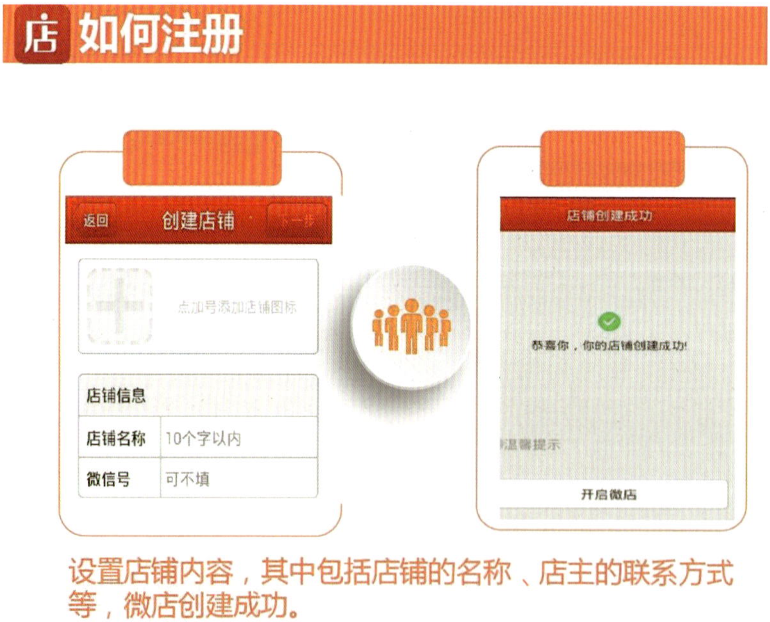

图 5-10　注册微店流程（4）

第三步：商品上架，如图 5-11 至图 5-15 所示。

图 5-11 商品上架流程（1）

图 5-12 商品上架流程（2）

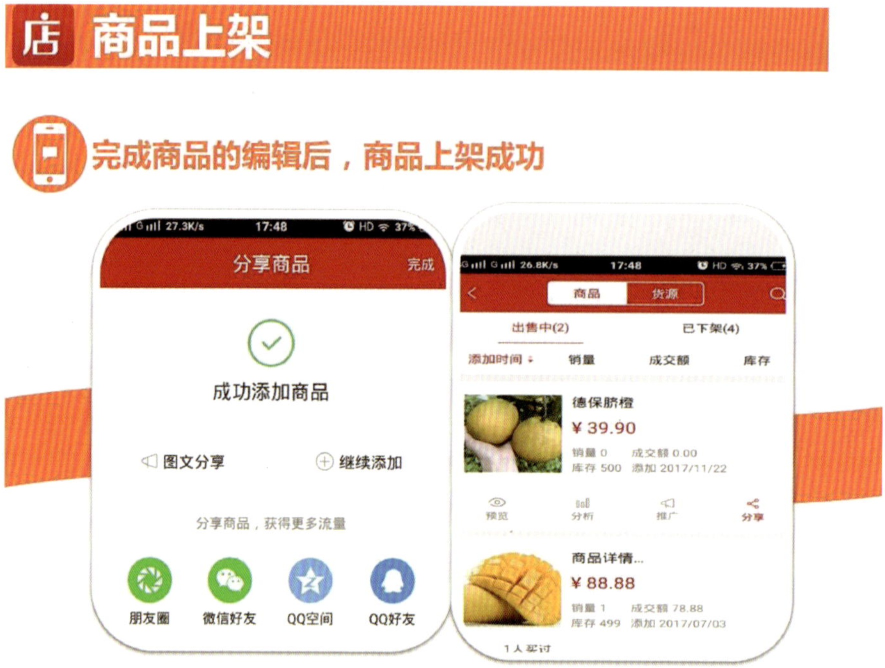

图 5-13　商品上架流程（3）

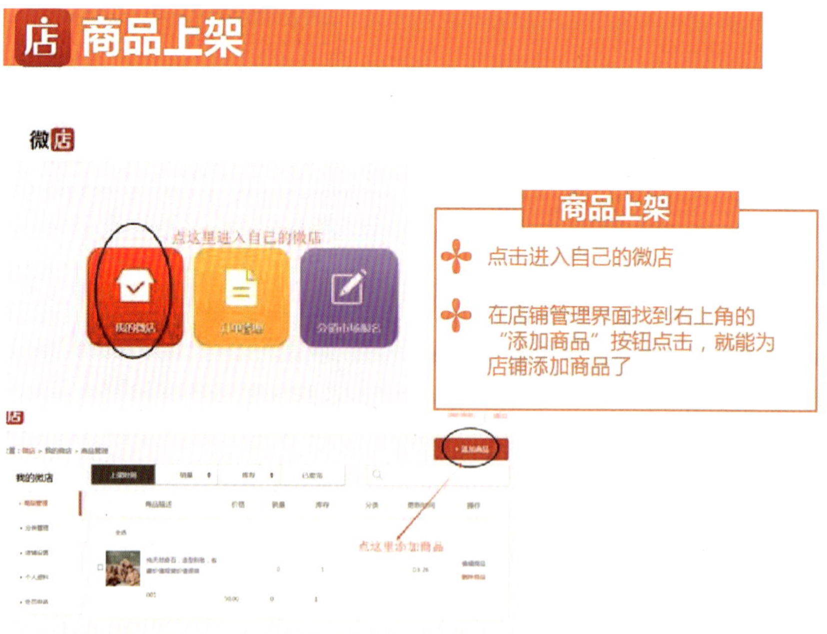

图 5-14　商品上架流程（4）

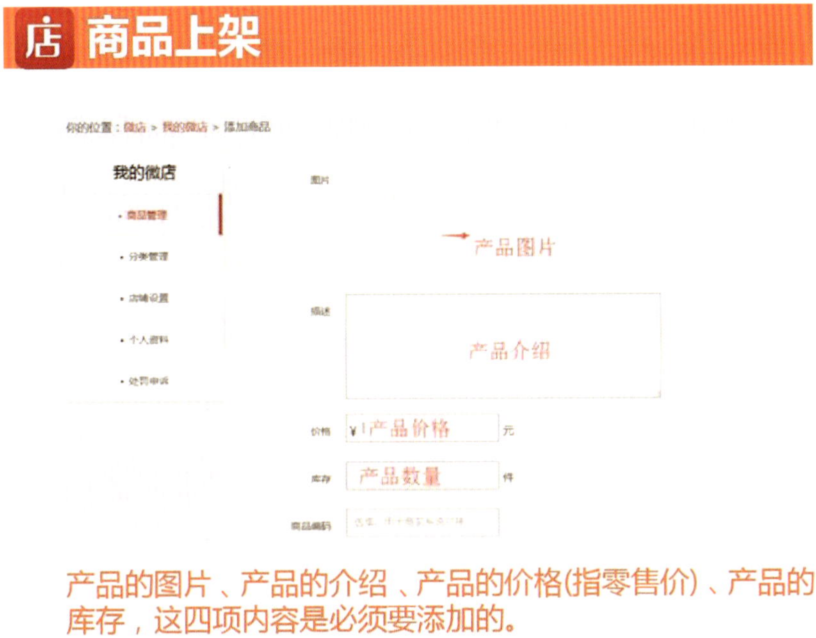

图 5-15　商品上架流程（5）

第四步：分享推广，如图 5-16 至图 5-20 所示。

图 5-16　微信朋友圈推广

图 5-17　QQ 群空间推广

图 5-18　微博推广

图 5-19　友情店铺推广

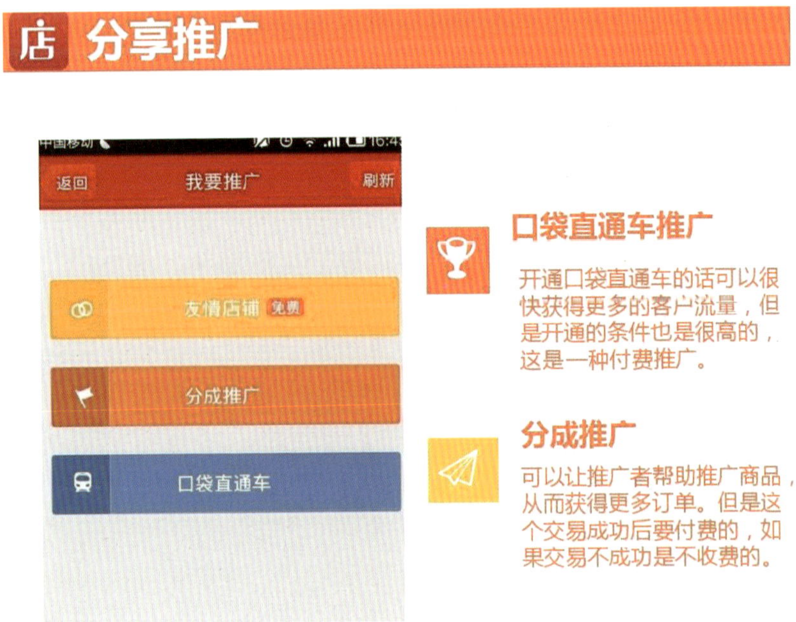

图 5-20　口袋直通车和分成推广

第二节　京东微店

一、京东微店简介

腾讯官方发布的2019年微信数据报告显示，目前微信月活跃用户数为11.51亿，2019年腾讯QQ财报显示QQ号活跃账户数6.5亿。可以看出微信和移动QQ拥有巨大的流量入口。

有流量就有店铺，“微店”正是伴随着微信的火爆产生的一个新概念。目前市场上有众多提供微店开店的服务商，所提供的“微店”形态繁多。而独占微信一级入口流量的“京东微店”，是京东为商户提供的在“移动互联第一入口”里快速开店的一整套工具和方法。京东微店为商户提供统一的微信支付、网银在线、货到付款、手机QQ钱包等支付方式。商户可以在京东商城PC端后台统一管理京东微店，用最小的运营成本覆盖更广的用户群。而且，由于微信和手机QQ深入触及三线到六线城市的大量用户，来自这些区域的用户量大幅增长。“去中心化”是微店的一大特点，这让商户抛开对大型购物网站的依赖，有机会拥有自己的消费者。京东微店独特的优势就是它既具有一般微店“去中心化”的优点，又是唯一一家提供一级中心化场景的微店系统。通过京东微店，商家既可以同时拥有独立的、个性化的店铺，积累自己的粉丝，又可以利用京东平台的流量和信用体系，取得消费者的信赖，兼具两者的优势，可谓鱼和熊掌兼得。

此外，京东微店还率先将微店扩展到手机QQ中，开通京东微店后，商户的店铺会同时开到微信和手机QQ中。商户可以同时享有微信和手机 QQ 两大平台的巨大用户资源。两大入口是互补、共生的关系，都会为京东品牌带来更多的新用户，实现“开张一小店，卖遍移动端”的效果。

二、京东微店七大优势

（一）流量优势

京东微店是唯一一个拥有微信和手机 QQ 大入口流量分发能力的微店平台，海量流量一触即发。卖家开通京东微店后，微店会同步至同样具有超高流量的手机 QQ 中，卖家立即零成本覆盖两个最大的移动社交平台用户，为商户提供更多元化的用户群，享有超高流量红利。

（二）京东品牌支持，服务标准统一把控

京东品牌支持，让消费者购物更安心，服务标准从严要求，建设精品微店，打造可信赖的微店平台。

复用 POP 基础能力，如保证金、积分、处罚扣分、违约、违规处理、关店和清退。在 POP 规则的基础上，对微店运营提出更高要求，从严监管。对不能达到要求的商户，限制活动，甚至关闭其微店。

与京东商城 PC 端完全打通，商品、销量、订单、评价、店铺装修等数据与 PC 同步。

（三）中心化与去中心化兼顾

中心化：通过微信入口、手机 QQ 入口及可利用的京东中心化入口的流量和信用体系，取得消费者的信赖，更便捷地获得流量和粉丝。

去中心化：通过京东微店，商家可以拥有独立的、个性化的店铺，

抛开对大型购物网站的依赖，积累自己的粉丝。

（四）入驻零成本

开店快捷，所有京东第三方商家都可享受零费用、零门槛的一键入驻服务，流程简化，方便快捷。开通京东微店无须再次缴纳保证金。

（五）运营零成本

POP 卖家可在京东后台统一管理京东微店，店铺装修、商品管理、交易管理等都使用京东后台数据，无须维护管理多套店铺，无须重复装修。方便易操作，运营高效，节省成本。

（六）丰富的支付方式

卖家开通微店即可拥有“微信支付”“网银 + ”“货到付款”“QQ 钱包”等多种支付方式，方便客户灵活消费，且结算、退款等都在京东后台统一操作，便于商户管理。

（七）多样化的店铺模板

更多个性化的店铺装修工具选择让店铺与众不同，让粉丝快速爱上京东微店。

三、入驻和开通京东微店流程

（一）京东微店入驻流程

详细的入驻流程如图 5-21 所示。加入京东商城第三方平台→提交 QQ 号、微信 ID，申请开通京东微店→成为京东第三方卖家和京东微店商家。

申请开店的微信号需为企业类型的服务号，可以使用已有服务号直接申请京东微店，如没有符合要求的服务号，请先申请服务号。

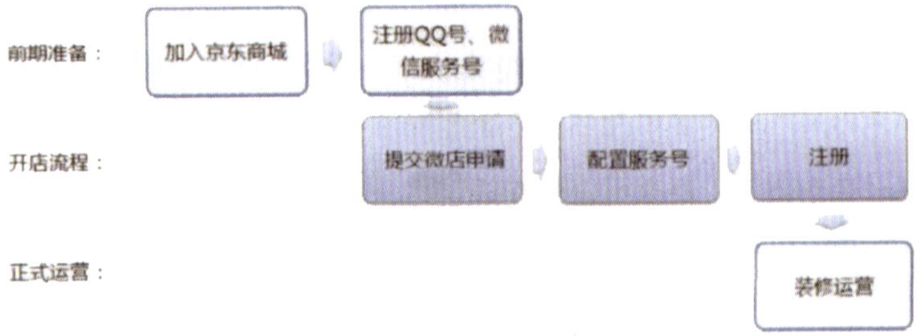

图 5-21 京东微店开店流程

（二）京东微店开通流程

1. 填写申请资料

第一，登录京东 SHOP 端，选择“我的店铺” → “我的微店”模块。若页面中没有“我的微店”菜单，请联系京东的对接运营人员申请开通。

第二，微信号、微信原始 ID 获取路径：微信公众平台→设置→公众号设置，如图 5-22 所示为商家后台微店入口。

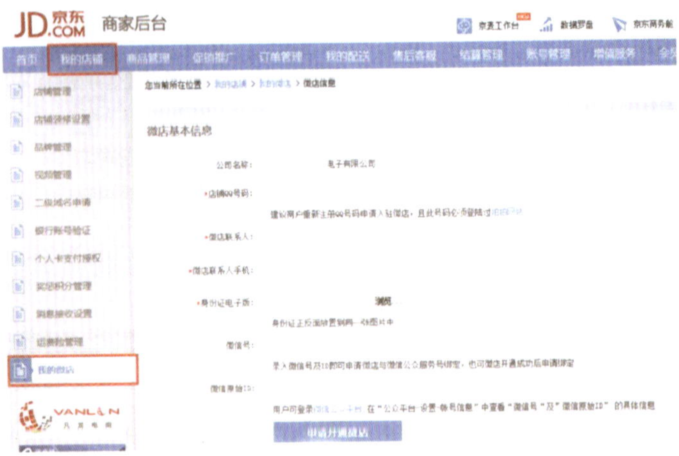

图 5-22 商家后台微店入口

2. 入驻须知

第一，同一个服务号只能绑定一个京东微店，多个京东微店需要分别绑定多个服务号。

第二，系统只开放京东微店管理平台活动报名权限，但会优先选择绑定服务号的京东微店参加活动。

第三，成功绑定服务号的京东微店，方可使用公众账号功能，店铺页面也才能在公众号中展示。

第四，京东 POP 商户入驻京东微店无须再次缴纳任何费用。

第五，在“微信→发现→购物”“手机 QQ→动态→购物”“京东微店”绑定的服务号产生的订单都在京东 SHOP 端进行管理。

第六，在微信端的“微信→发现→购物”内的京东商品产生的订单默认支持微信支付，无须另外申请。

第七，在手机 QQ 端的“手机 QQ→动态→购物”内的京东商品产生的订单默认支持 QQ 钱包支付，无须另外申请。

第八，微信和手机 QQ 端订单，均按照京东 POP 开放平台入驻合同规则收取佣金、结算货款。

资料提交后进入审核阶段，这一阶段一般需要两个工作日。

拓展阅读

京东 POP

POP 意为平台开放计划。POP 平台共分为四大模式——FBP、LBP、SOPL、SOP。

第一种模式 FBP：卖家在京东销售商品，京东提供仓储来管理所销售商品，京东完成购物订单配送和收款，京东开具发票给消费者。

第二种模式 LBP：卖家在京东销售商品，卖家每日将消费者订单打包送至京东分拣中心，京东完成购物订单配送和收款，京东开具发票给消费者。

第三种模式 SOPL：卖家在京东销售商品，卖家每日将消费者订单打包送至京东分拣中心，京东完成购物订单配送和收款，卖家开发票给消费者。

第四种模式 SOP：卖家在京东销售商品，卖家每日将消费者订单打包并自行或采用快递完成购物订单配送，卖家开发票给消费者（卖家可在众多快递中选择京东快递负责货到付款业务，并享受专业的配送服务体验）。

一、资质审核

首先确认资质是否符合京东商城的合作要求，基本的硬性条件如下:FBP、LBP、SOPL、SOP 都要求商家的注册资金在 50 万元以上,商家注册时间在 2 年及以上；FBP、LBP 的合作模式要求商家必须具备一般纳税人资格，需要给京东开具增值税发票(注：不是普通发票)； SOPL、SOP 不要求模式商家给京东开具发票，但需要给消费者直接开具发票(增值税发票或普通发票都可以)，企业基本证件、商标、授权、质检报告及其他国家规定资质每一项都齐全。

二、模式介绍

1.FBP 模式

FBP 模式和京东自己采购的模式类似。京东的仓储、配送，覆盖全国的自提点，都可以同样享有同等服务，京东给所有的消费者开具京东的发票。

京东目前在全国有多个仓储中心，商家可选择将自己的产品入京东的仓储，每个仓储入多少由商家来决定。商家可以选择入其中的一个库或者几个库，或者所有库都入。但是入哪个仓库只能在该仓库覆盖的区域进行销售。如果商家想做活动，或者京东有网上促销等活动，做活动的产品必须所有仓库都有货。

在这种模式下，其配送可以做到“211 限时达“，用户体验和配送服务都非常好，客户删单和退货率少，发货速度快。买家的退货也是京东来操作,京东上门或者消费者自己退货,集中退还给商家。

FBP 模式适合的商家：上架商品数量少、商品售价高、能开增值税票。

2.LBP 模式

LBP 模式适合服装和鞋类以及其他产品 SKU 数非常多，但入仓比较麻烦，或者库存比较紧张的商家。配送方式是顾客下订单后，商家把货发到顾客就近的京东分拣中心，由京东配送，例如：上海的顾客订货了，商家要把顾客所订的货物打包好发到上海的京东分拣中心，要预约才能入京东的分拣中心。

每日 6~16 时产生的订单，6 小时内发货；16 时至翌日 6 时产生的订单 18 小时内发货。发货后 30 小时内保证配送至所在区域京东库房（以库房签收时间为准），54 小时内保证配送至非本区域京东库房（以库房签收时间为准）。

优点：支持顾客货到付款、上门自提等服务， 100% 的买家都能覆盖到，库存在商家自己的仓库中。缺点：配送费用较高，商家要支付两笔配送费用，第一笔是从商家仓库到京东分拣中心的快递费，第二笔是京东的配送费。另外加扣点（即佣金），顾客从下订单到收货的时间比较长。

对商家的要求：要能开增值税票。

3.SOPL 模式

配送方式跟 LBP 模式一样，只是开票方式不一样，由商家直接开发票给顾客（顾客需要才开发票，开增值税票或普通发票都可以），不用开票给京东。京东收取配送费，另外加扣点（即佣金）。

4.SOP 模式

跟淘宝商城类似，商家负责产品的所有服务，包括退换货服务。目前只支持在线支付，即消费者通过网银等在线支付后，商家才能在后台看到订单，然后商家发货。不能开具增值税发票的商家建议采用该合作模式。该模式的优势在于，商家已有的团队可以同时操作京东平台。

优点：商家操作灵活，顾客从下单到收货的时间较快。由商家直接开发票给顾客（顾客需要才开发票，开增值税票或普通发票都可以），商家不用开票给京东。缺点：不支持顾客货到付款。

以上四种合作模式的商品上传、店铺装修维护、在线客服、店铺的营销推广，都由商家负责。

三、结算

所有结算均按照已完成订单的实际销售额计算，以月为结算周期。每月月初对账，对上月全月的销售金额走付款流程。

四、优势

平台采取的是与联营商户更紧密的合作体系。平台商户将可以借助京东的仓储、配送、客服、售后、货到付款、退换货、自提货等体系，优化网购体验，同时也进一步消减自建服务体系的成本，而消费者则可以通过平台购买到更丰富的商品。

B2B 的 4 种京东 POP 模式给了商家一个独立操作的后台，从仓储、配送到客服都是京东来操作，京东自营产品能享受的服务，商家都能享受(支持“211 限时达”、自提、货到付款、POS 刷卡)。

第三节 微商简介

一、微商的定义和模式

目前，电子商务行业还没有对“微商”进行准确定义。行业里比较认可的定义如下：

定义 1: 微商是基于移动互联网的空间，借助社交软件这个工具，以人为中心、以社交为纽带的新商业模式。

定义 2：微商是基于微信生态的社会化分销模式，它是企业或者个人基于社会化媒体开店的新型电商。

定义 3：微商是指通过微信这个渠道进行商品、服务的展示、销售，同时也指所有从事这个行业的从业者。也就是说，微商既指一个行业，同时也指从事这个行业的人。

微商从模式上来说主要分为两种：基于微信商城（比如有赞、微信小店等），类似于传统电商的 B2C；基于朋友圈开店，类似于淘宝这样的 C2C。微商主要通过朋友圈进行产品的展示和销售，这种微商通常又称为“朋友圈微商”，这也是微商行业中最主流、占比最高的一个类别。这两种商业模式的微商角色都可以用一个公式总结：微商 = 消费者 + 传播者 + 服务者 + 创业者。

从微商的流程来说，微商主要由基础完善的交易平台、营销插件、分销体系以及个人端分享推广微客四部分组成。微商经历了速度为王、产品为王、团队为王、品牌为王的阶段，接下来将朝着构建完整微商生态系统的趋势发展，形成完整的商业闭环，上、中、下游相互协作、推进。上游：供应链→制造业；中游：品牌公司→代运营 TP；下游：代理商→创业者→消费者。

2019 年 1 月 1 日，《中华人民共和国电子商务法》正式实施，微商被纳入电商经营者范畴，消费者维权开始有法可依。

二、微商的发展历程

2013 年前，处于萌芽期的微商大多数是由淘宝店家为拓展销售渠道转化而来的。

2014 年，微商行业进入高速成长期，行业呈爆发式增长。此时期诞生了第一个百亿微商品牌思埠集团“吴召国”化妆品面膜。

2015 年，微商大环境发生改变，从松散经营到系统运营。各种类别产品，足贴、香皂、酵素、蒸脸机、化妆品、内衣袜子等产品通过微商代理模式快速裂变，这引起国家重视，开始打击一些不法分子利用微商多层级模式传销骗钱。

2016 年，微商正式进入了品牌整合时期，谁将微商运作得更加品牌化、正规化、合法化、系统化，谁才能生存得长久，成为真正的赢家。2016 年微商创造就业人口已经突破 2 000 万人，流水突破 5 000 亿元。

2017 年，微商市场开始有多种商业模式。例如，微商层级代理模式、社交商城分享模式、跨境电商海外代购模式、社群团购销售模式。产生了一批优秀的社交平台，如拼多多、幸福西饼、TST、洋葱海外仓、美丽说等。

2018 年，中国大企业进入微商，有蒙牛、哇哈哈、恒安、达利、南京同仁堂、云南白药等，开始了微商企业化、企业微商化时代。

2019 年，国家开始把微商列入法律监管范围，开始整顿微商市场，微商从业人口需要办理个体户营业执照，办理公司营业执照。微商的六大主流模式包括社区团购模式、小程序分销模式、直营微商模式、社群拼团模式、代理制微商模式、社交新零售模式。未来微商生态化发展是趋势，如图 5–23 所示。

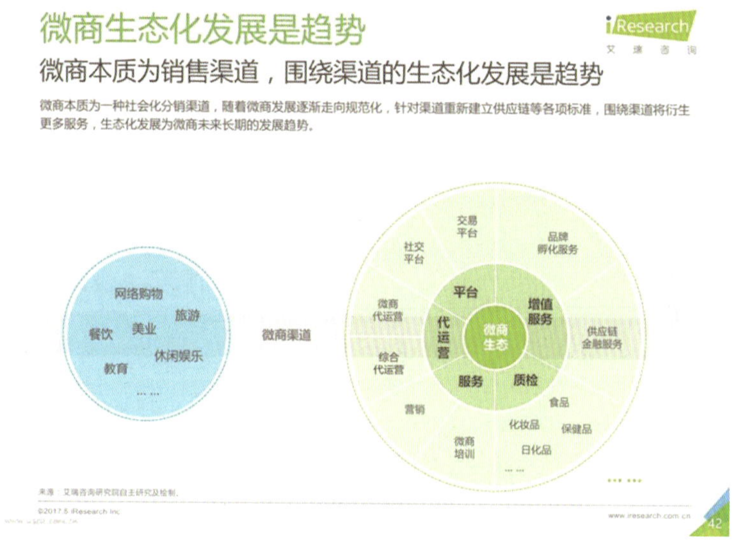

图 5–23　微商生态示意图

在微商行业快速扩张的过程中，由于行业发展时间短，准入门槛低，又缺乏相关的规范标准、监管体系和维权机制，行业内部乱象丛生。个体卖家鱼龙混杂，货品真假难辨，价格混乱。以女性和年轻人为主的用户结构影响了微商行业主营的商品品类。年轻女性对于爱美、照顾家庭和生理的需求带动了美妆、服装、生活、母婴等商品的销量，女性消费特征得到了放大，形成了微商行业以美妆和生活产品为主导的销售格局。从区域分布看，微商商户主要活跃于北京、浙江及广东等地区，区域分布以二、三线城市居多。随着市场的不断扩大，微商行业逐渐向三、四线城市和中西部地区发展。

微商从 2015 年呈现井喷式发展，到了 2016 年，微商行业进入了大浪淘沙的阶段，但无论是市场规模还是从业规模，都还在持续增长。尽管市场增长的加速度小幅放缓，但绝对增长速度依然领先于传统电子商务等其他商业领域。

目前，移动端的数据流量已经超过了 PC 端，微商已逐渐地得到人们的认可，并逐渐走向成熟。而其他的平台也给微商提供了不少方便，这为微商今后的发展铺了一条光明之路。未来微商行业的发展将步入成熟期，建立起规范、完整的生态体系。

三、微商的优势与劣势

（一）微商的优势

1. 运营灵活，成本低

微商是一种社会化的移动电商模式，它依托移动通信技术、互联网金融等技术支持，成为我国新型贸易的重要形式。目前微商的形式主要有基于微信公众号的 B2C 微商和基于朋友圈开店的 C2C 微商。与传统零售业相比，微信营销不受实体店限制，节省了部分人力成本。通过转发特定的图片、文字、视频、音频等对产品进行全方位的包装与宣传，方式灵活多样，传播便捷且费用低，节省了大量广告宣传开支。同时，通过互联网将产品信息推送给顾客，信息接收率高，打破了实体经济的时空限制，更加有利于市场的开拓。投入小，风险小，只要有一部手机、一个微信号，随时随地都可以开展工作。客户的黏性高，复购率高。

2. 营销多元，门槛低

相较于传统零售业营销的严要求、高投入，微商可以通过摇一摇、公众号推送、朋友圈、抢红包、扫二维码等多种形式进行销售，这种销售方式对于追求时尚、创新生活方式的“90后”“00后”微商目标群体更具吸引力。同时，微商操作简单，不受时间、地点限制，低成本运营也给一些想要创业却缺乏资金或营销经验匮乏的人提供了创业的机会。

3. 信息裂变传递广

由于微商依托于社交平台，一旦有新的产品信息发布，便通过微信发布到各个社交媒体上，推送给自己的微信好友。微信好友又有自己的好友，这种一传十、十传百的效应，使得信息迅速裂变，可以在短期内形成强大的辐射力、影响力。现代社会移动通信设备的普及也使得信息传递能够得到及时有效的互动，更加有利于微商对产品答疑解惑，提供优质服务以吸引客户。

（二）微商的劣势

1. 分层售卖，信息混乱

微信信息来源广泛，为了广泛传播产品信息，引起更多潜在客户的关注，微商逐渐成为微信平台的刷屏者。这种行为一方面导致信息传播泛滥，降低了信息的有效性，另一方面受平台技术所限以及管理的漏洞，往往不能及时剔除不良信息，从而给一些不良商家带来可乘之机，损害了消费者的合法权益。同时，微商的运行模式一般是按照分层售卖赚取提成的方式运转，这种一级代理发展二级代理、二级代理发展三级代理的层层递进关系，造成微商销售渠道匮乏，也导致产品的空间让利狭小，极大地削减了对买家的吸引力。

2. 熟人经济效应，竞争力差

微商自诞生以来就广泛依赖于朋友圈等社交媒体平台，“直销模式 + 信任代理 + 熟人经济”是其运营的商业模式。依靠熟人信用获得经济效应稳定性差，也很难保证持续性、稳定性，仅靠暴力刷屏极易招致人们的反感。再者受制于缺乏实体店对产品的感官体验以及产品售后的有效保障，大多数用户都是一锤子买卖，而且一旦产品质量出现问题，大都是投诉无门，大大降低了产品吸引力。

3. 经营规模尚小，影响力弱

微商在短期内发展迅速，但大部分微商以个体散户为主，以在校学生、刚毕业学生或家庭主妇等群体为主，尚未形成一定的规模效应。经营主体缺乏专业的营销管理经验以及相应的技术技能，导致了营销管理理念落后，同时对一些技术知识技能的欠缺也使得他们特别依赖于支付平台或第三方平台。平台一旦出现技术问题或是监管漏洞，就会造成不可逆转的损失。微商与淘宝、京东等知名的网络电商相比，不论在发展历史、发展规模还是影响力上，都存在很大差距。

第四节　微商市场现状与发展策略分析

一、我国微商发展概况

微商经济的发展和兴盛与以微信为代表的移动通信终端的广泛使用密不可分。微信为微商提供了生存和发展空间，随着微商客户量、供应商和成交额的不断增加，微商逐渐发展成一种新型的商品交易模式，存在的种种问题也引发了广泛的社会讨论。在社会主义市场经济背景下，微商如何实现规范化、市场化、科学化和行业化，成为微商未来发展的决定要素。目前我国微商市场呈现出四种发展形式。

1. 品牌微商

品牌微商是微商市场最原始的交易状态，微商最初就是以品牌代购的形式出现在朋友圈并迅速火遍全国。品牌微商主要以美妆产品为主，美妆产品借助朋友圈作为营销渠道，采用传统的代理制度对销售流程进行管控，开启了最初的微商模式。

2. 社群微商

社群微商指的是某个群体内由单个或多个意见领袖发起，以社会热点、兴趣点或某种共同情怀而集结成的线上社群，通过主题运营，吸引目标消费群体成为粉丝，从而将粉丝价值变现为经济效益。社群微商借助网络大咖，以网络为渠道写文会友，开设论坛讲座，吸引粉丝，逐渐形成某个线上社群，具有一定的导向作用。社群微商的商业特点是以培训、教育为切入点，对新人、粉丝进行专业辅导，扶持成员成为互联网明星、大咖，以会员制的方式收取服务费和培训费，会员之间则可以进行推广营销和资源置换等商业合作。

3. 平台微商

平台微商主要以微信小店、口袋购物等平台为主，实现去流量化和去中心化的交易场所，具有独特而完整的交易机制。

4. 个人微商

伴随代购兴起的微商交易形式，主要产品为妇婴用品、美妆产品和奢侈品等。

微商的快速发展对中国的经济增长起到了一定的助推作用，在肯定微商价值的同时，我们也不能忽视其面临的主要问题。

二、微商发展面临的主要问题分析

《中华人民共和国电子商务法》于 2019 年 1 月 1 日正式实施，

将微商纳入电商经营者范畴，标志着微商行业有法可依，这增强了人们对微商的信心，并在一定程度上使微商市场有序化，促进了微商行业健康有序发展。目前微商发展面临的主要问题为营销手段单一，税收征收空白，交易形式不够标准、规范，价格混乱，难以监管。

1. 营销手段单一

微商是伴随着各种微信功能而出现的，微商的产品信息大多是以微信朋友圈、微信公众平台的方式发布，朋友圈成为微商交易的主要营销渠道。当过多商品营销信息充斥朋友圈的时候，部分人会感到厌烦，甚至屏蔽微商。微商主要依托朋友圈的销售方式过于单一，不仅不利于推动微商的健康长效发展，反而会引发目标消费群体的抵触心理，导致客户流失。

2. 税收征收空白

社会主义市场经济背景下的税收行为，对维护经济秩序、推动市场经济发展至关重要。微商发展至今，尽管商品交易量、交易额已经十分巨大，但相关的微商税收征管至今仍旧没有明确、规范的章程。微商行业门槛极低，尤其是个人微商，商品交易行为主要通过网络进行，税务部门难以实施有效监管，纳税主体不明确，相关账簿、发票等难以查证，导致税收收入流失严重。同时，对朋友圈微商征税的法律规定不健全，难以进行税收监管。而微商商业活动成本低，利润大，如果没有明确的税法监管，不仅会造成大量税收损失，还会严重影响市场经济下其他商品交易形式的公平发展。

3. 微商交易形式混乱，难以监督

微商和传统商品交易明显的区别在于，微商的交易方式多种多样，可以面对面现金交易、微信支付或者第三方线上支付等。而当前关于微商交易的交易方式、买方权益保障、支付系统、信用考核或监督系统都没有形成标准或规范，大多微商会选择适合自己或者便利的商品交易方式。和其他商品贸易相比，没有明确的行业标准，导致微商行业处于不规范、不健全的状态。此外，微商产品销售的价格定位也比较混乱，产品质量难以保证，不利于微商行业的良性发展。

三、新时代微商的发展方向和发展策略

1.注重诚信建设，加强自我监督、行业监督，提高售后服务水平

诚信是商品交易的基本行为规范和商业道德规范，随着时代的进步和科技的发展,微商也会持续发展,成为互联网经济的重要形式。由于微商进入门槛低，人人都可以成为微商，传统的商品销售方式将会被逐步打破，商品交易更加方便快捷。在这种背景下，微商的长效良性发展必然要做好诚信建设，加强国家、政府、法律对微商商业行为的监管。

微商经营者也要对自身行为进行自我监管和自我改正，出于长期发展的目的，注重诚信建设，重视产品质量和售后服务，并积极推动微商品牌建设，打造微商的良好形象。

2.逐步朝着更加规范、健全的互联网商品营销方向发展

微商市场的进一步成熟是必然趋势，微商提供的产品也将更加多元化。为在与传统商品交易、电子商务的竞争中赢得一席之地，微商必须要加强管理和创新。首先，细分产品，依托朋友圈交际这一优势,对传统商品交易、电子商务难以提供的产品和服务进行拓展。其次，卖方要建立专业的团队运营、公司运营，避免微商产品、服

务的同质化竞争，扩大微商卖方规模、经营范围，因为以大量资金为基础形成的团体、公司竞争模式在推广、品牌建设上占据较大优势。

随着中国移动互联网经济的发展，将来更多的人会选择使用社交平台购物，同时网购意识深入人心，微商市场会逐步扩大。在此基础上，微商的推广要更加及时、准确，借助专业的社交平台，对社交数据进行整合、分析，有针对性地根据目标消费群体推广商品，同时也可以研究分析消费者的消费心理、消费行为，对不同用户展开营销，由此推动微商更加智能化发展。

随着微商的技术化、智能化和规范化，越来越多的资本会进驻到微商领域，必然给微商带来技术上、理念上的变化，促使微商在营销、推广、运营上产生翻天覆地的变化，当然微商领域也要保持熟人社交这一传统优势。

3. 融合化、同城化发展成为主要方向

随着众多品牌加入微商领域，未来微商产品的同质化竞争是难以避免的。而消费水平的升级也会刺激和加速消费者的购物体验意识，因此未来微商领域竞争将进入白热化阶段。微商可以将竞争点聚焦在增强买家的购物体验层面上，也可以融合电子商务的发展特点，建立微商品牌，开展线上线下融合发展格局。微商领域的发展特点在于熟人社交，未来微商领域的发展也要保留这一优势，因此同城化发展是未来微商市场的重要拓展方向之一。当前微商同城化已经初见雏形，主要体现在同城配送、同城培训等方面，将来微商市场无论是在销售还是招商方面，将更加注重同城化，以熟人社交为根基，积极挖掘朋友圈圈子，逐步向外扩展，以服务好身边客户向外延伸，深入建立本地品牌，聚拢资金和人脉。

中国互联网经济的发展，各种社交软件的应用推动了微商市场的发展。微商的发展不仅推动了经济进步，也为人们的日常生活带来很大便利。要想持续推动微商市场的进一步扩展，必须建立相关的规章制度。加强微商产品质量监管、税务监管，健全买方维权机制，对微商的运营、推广和销售等一系列行为制定行业标准，推动微商朝着融合化、智能化和本地化方向升级转型。

本章小结

通过本章的学习，我们基本上对微店和微商有了一定的了解。本章只介绍了京东微店，对淘宝微店和其他个人微店没有介绍。希望大家以本章为引导，多看相关书籍，通过互联网搜索相关知识，增进自己对微店和微商的理解，为以后创业或者进入相关企业工作打下坚实的基础。

第六章

短视频营销

导读

视频营销是指以视频网站为网络平台，以内容为核心、创意为导向，利用精细策划的视频内容实现产品营销与品牌传播的目的。视频营销是“视频”和“互联网”的结合，具备二者的优点；既具有电视短片的优点，如感染力强、形式内容多样、创意新颖等，又有互联网营销的优势，如互动性、主动传播性，传播速度快、成本低廉等；既有由专业团队制作的精美“微电影”，如益达口香糖的视频广告，又有中小企业的独立制作、小型外包甚至众包作品。本章先介绍短视频营销的基本概念和理论，然后重点分析“三农”背景下短视频营销的发展和短视频中的“三农”形象，以期对在乡村电子商务中有效利用短视频营销有所帮助。

知识架构

短视频营销

- 短视频营销的基本概念
- “三农”背景下短视频营销的发展
- 短视频中的“三农”形象

第一节　短视频营销的基本概念

一、短视频营销的背景及概念

（一）短视频营销的背景

短视频及其营销的发展离不开多方环境因素的支持，简单来说主要有以下因素：

1. 网络环境的改善

随着 4G、5G 网络环境的不断优化，网络成本逐渐降低，短视频内容播放的流畅度也随之大幅提升。为顺应时下用户群体信息碎片化的获取需求，众多短视频媒体平台犹如雨后春笋般应运而生，各大短视频平台的用户数量也随之迅猛增长。不断提升的数据传输速度和迭代优化的网络环境，为用户带来了更加优质稳定的使用体验,也为基于移动数据端的短视频内容营销提供了基础的技术保障。

2. 用户交互体验的优化

人脸识别技术和增强现实技术（AR）等在短视频上也已实现结合应用，如智能美颜、AR 表情包等视觉特效功能，也纷纷应用到短视频制作软件上，为短视频的拍摄和互动增加了更多的趣味性，同时也为短视频营销提供了更多的创意发挥空间。

3. 智能化的内容推送机制

大数据分析和图像识别等技术的应用，使短视频营销的内容数据和用户数据更加精细化。通过大数据算法实现的智能推荐技术，使内容和用户进行了精准的匹配，平台可以根据智能测算的用户个性化标签，将合适的短视频内容和原生广告内容推送给终端用户，进而实现“千人千面”的展现效果。如此“精准贴心”的推送机制，有利于增强用户对短视频内容平台的使用依赖性，同时也为短视频营销的精准投放提供了强有力的数据支撑。

（二）短视频营销的概念和特点

1. 短视频营销的概念

短视频是指在各种新媒体平台上播放的、适合在移动状态和短时休闲状态下观看的、高频推送的视频内容，时长从几秒钟到几分钟不等。内容融合了技能分享、幽默搞怪、时尚潮流、社会热点、街头采访、公益教育、广告创意、商业定制等主题。由于内容较短，可以单独成片，也可以成为系列栏目。

短视频是一种互联网内容传播方式，一般是指在互联网新媒体上传播的、时长在1分钟（无严格界定）以内的视频；随着移动终端的普及和网络的提速，短、平、快的大流量传播内容逐渐获得各大平台、粉丝和资本的青睐。

随着网红经济的出现，视频行业逐渐崛起一批优质UGC（用户生产内容）制作者，微博、秒拍、快手、今日头条等纷纷入局短视频行业，募集优秀内容制作团队入驻。短视频行业的竞争逐渐进入白热化阶段，内容制作者也偏向PGC（专业生产内容）化专业运作。

2. 短视频营销的特点

不同于微电影和直播，短视频制作并不像微电影一样具有特定的表达形式和团队配置要求，具有生产流程简单、制作门槛低、参与性强等特点，又比直播更具有传播价值，超短的制作周期和趣味化的内容对短视频制作团队的文案以及策划功底有着一定的挑战。优秀的短视频制作团队通常依托于成熟运营的自媒体或IP，除了高频稳定的内容输出外，也有强大的粉丝渠道。短视频的出现丰富了新媒体原生广告的形式。

二、短视频营销的商业价值和意义

（一）短视频营销的商业价值

随着移动时代下短视频用户数量的迅速增长和视频流量的不断飙升，传统媒体的营销价值受到了很大的冲击。传统意义上的互联网广告正随着大众媒体素养的进一步提高，呈现出传播效果逐渐降低的现象。为此，传统广告行业迫切需要一种具有全新生命力的广告形式来引领新的发展、实现新的突破，这就催生了短视频营销这一新兴的广告形式。

随着短视频营销价值的不断凸显，广告主在短视频方面的投放意向和营销预算也在逐年加大，并且呈现出稳定的增长趋势。据相关数据显示，2018 年广告主社会化营销在短视频和直播平台上的投放意向出现明显的增长趋势，在移动端的广告投放意向上，主要以社交平台和移动视频平台为主。而短视频则恰好将这两者的属性融为一体，因此短视频营销注定会成为互联网广告行业未来重要的发展趋势。

短视频营销的商业价值在内容、制作、传播等各个阶段，都有着非常优异的实际表现。其中，在内容方面，短视频的信息覆盖面广、承载量大，并且还同时具备社交媒体的互动属性，可以在广告主与目标受众之间建立起沟通桥梁。在制作方面，短视频制作周期短、投入成本低，相较于其他内容形式来说更加灵活多变，能够适应不同类型广告主的推广需求。在传播方面，短视频在传播声量上具有极大的爆发潜力，其中较为优质的原生内容会被用户自发地进行二次转发，甚至有些头部优质内容还可以在用户群中实现短期病毒式传播的效果。

（二）短视频营销的意义

短视频营销的主要目的就是增强品牌整体价值。下面根据短视频的营销策略，从视频价值的角度探讨分析短视频的营销价值。

1.增强用户品牌认知度

短视频具有一定的趣味性、实用性特点，通过短小精悍的视频可以充分地激发用户参与互动的积极性，达到增强用户对品牌记忆的目的。用户在参与制作短视频的过程中，对于发起活动的品牌则会产生深刻的记忆与认知。这种将社交与视频融合为一体的短视频营销策略充分地扩展了短视频营销的效果，提升了品牌的知名度。

2.使用户产生品牌联想

品牌联想主要就是消费者对于品牌形象的联想。品牌联想可以分为属性、利益以及态度三种联想模式。其中属性联想主要是对产品或者服务的相关特性特征进行描述，在短视频营销策略中，通过一些具有实用性的短视频可以产生一定的属性联想。而利益联想则主要是功能利益、经验利益以及象征性的利益。例如，在实践中通过将产品制作过程以短视频的方式发布出来，可以带动部分用户的利益联想。态度联想则是对品牌态度的联想形式，品牌态度是消费者对品牌进行的一种整体性评价，而品牌与用户之间的互动沟通会增强用户的态度联想。

3.提升用户品牌忠诚度

在短视频营销中，品牌主要就是通过将用户制作的短视频进行重新剪接，制作形成电视广告，这种形式不仅充分地满足了用户自我实现的需求，也可以增强用户的重视度。用户在参与制作中也增强了对品牌的认同感。相对于品牌来说，在互动中通过点赞、评价以及分享的方式可以充分地激发用户的参与积极性，强化用户对品牌的信任感，进而转化为购买行为。

短视频营销可以实现精准营销，通过与用户深层次的沟通与互动，可以增强目标消费群体对品牌的熟悉度以及信赖感，达到增强客户忠诚度的目的。

短视频营销不仅有效地拉近了品牌与用户之间的距离，还通过“社交 + 视频”的模式充分地凸显了营销价值。在基于用户为中心的网络环境中，用户品牌的认知度在不断地提升，品牌联想以及忠诚度在不断地提升，这样也可以有效地促使用户自主地参与品牌的传播，进而有效地增强用户对品牌的认同感。

三、短视频营销的商业合作模式

从现阶段来看，短视频营销当前主要有以下三种商业合作模式：

（一）广告主直接和 KOL 合作

这种模式通常适用于已经有比较明确的目标 KOL 和推广需求的广告主，想要在 KOL 内容合作的基础上，再进一步深度合作的情况，如 IP 授权、品牌代言等。它的优点是在沟通上可以更加的顺畅，使内容创作者更清晰地了解品牌方需求，但缺点是需要耗费广告主更多的时间和沟通成本，因为广告主的资源和精力有限，难以直接找到合适的合作 KOL。（注：KOL，关键意见领袖，是营销学上的概念，通常被定义为拥有更多、更准确的产品信息，且为相关群体所接受或信任，并对该群体的购买行为有较大影响力的人。）

（二）广告主和 MCN 机构合作

广告主和 MCN 机构进行对接，它的优点是能根据广告主的推广需求得到更好的 KOL 推荐建议，并且能通过 MCN 获得创意策划、结案分析等增值服务。但缺点是 MCN 本身规模和资源参差不齐，仍然需花费精力去辨别，并且 MCN 会参与利润分成，合作价格上会相对较高。（注：MCN 是舶来品，是一种多频道网络的产品形态，将 PGC 内容联合起来，在资本的有力支持下，保障内容的持续输出，从而最终实现商业的稳定变现。）

（三）广告主和短视频平台方或营销服务商合作

这种模式通常适用于广告主有长期稳定的投放需求，除去单纯的 KOL 投放需求外，还有更高的增值服务需求。这种情况下，广告主会更倾向于直接通过平台寻找合适的目标合作 KOL。这种合作模式的优点有很多，首先是平台资源更加丰富，并且有平台数据支持，便于广告主更好地选择目标 KOL；其次是联动性强，可以调动平台其他广告位和内容资源扩大营销效果；最后是规范化和专业化，有平台作为中间方，在合作过程和资金交付上更加有保障。但缺点是平台分成或服务费的价格可能会更高。

四、短视频营销的优势

（一）聚焦圈层，深度沟通

短视频营销具有较强的聚集效应，通过对兴趣爱好相同、关注相同的群体进行集合，利用集合效应产生粉丝与流量效应，精准定位目标群体，可以快速地提升品牌认知度，增强受众群体对品牌的信任度。

（二）融合场景，升华情感

短视频营销产生在特定的场景中，融合了真实的情感价值。在短视频中并不是单纯的植入广告，而是基于产品、品牌以及自媒体原有风格进行创作，通过传递原创内容的方式完整地展示信息内容，达到激发用户共鸣以及讨论的目的。

（三）声画结合，创意众包

短视频内容制作成本较低，周期较短，有效地转变了传统的视频营销模式，解决了以往视频内容无法大规模使用、扩散困难的问题。优质的视频内容，充分地赋予品牌传播性，可以将品牌在短时间中有效地聚集，形成一定的话题。

五、短视频营销策略

（一）精准定位，提高内容质量

短视频是重要的营销渠道与手段，是自媒体时代典型的信息传播路径。短视频通过画面、音频传递内容，给人一种直观的“眼见为实”的感觉。只有保障短视频内容制作质量，明确其精准清晰的定位，才可以激发受众群体的共鸣，提升营销推广效果。

随着短视频平台的高速发展，短视频营销在不断地成长发展。随着内容的不断更新以及完善，短视频营销质量得到了有效提升。

分析短视频内容，对其进行综合分析可以发现，短视频营销中存在的最主要的问题就是千篇一律，缺乏内容创新以及个性化。在信息时代，整合海量的信息内容充分地吸引受众，必须要保障内容具有创意、个性化的特征。千篇一律的内容影响了信息传递的有效性，严重地降低了短视频营销的效果与质量。

所以，在进行短视频营销时要保障内容定位的新颖性，在制作精良的同时要彰显其个性化的创意，融合创新性的思想。在进行短视频的拍摄之前要做到精准定位，明确宣传推广的重点内容，将热门话题与宣传推广有效融合。

在短视频的制作中，要充分地考虑短视频的标题、背景、音乐、封面等多种因素，对其进行精心策划分析，在保障短视频内容的同时达到营销推广的效果，这样才可以切实凸显短视频营销的优势与价值。

（二）构建营销矩阵，引入流量

短视频营销中最为关键的就是保障其有一定的流量支撑，要保障其有精准定位内容，在保障内容质量的基础上做好引流工作，充分地保障营销的有效性。

现阶段多数短视频营销机构缺乏对流量引入的重视，在营销中仅仅将短视频作为重点，但是却忽略了多渠道的辐射，这样就会导致营销渠道过于单一。此种做法不仅会直接降低营销质量，也会降低营销效果。

要切实提升营销效果，就要构建一个完善的营销矩阵。通过将短视频营销与微信、微博以及线下多种营销渠道有效整合的方式，形成完善的营销体系；通过对不同的营销渠道的内在关联性进行用户流量整合，构建一个完善的营销体系。通过对不同营销渠道之间的关联性进行用户流量的引流，可以拓展受众信息接触的范围，实现营销效果的最大化目标。

在营销矩阵构建中要综合各个平台之间的互相引流性，根据实际状况选择合理有效的引流方式与手段。在实践中可以通过构建短视频号矩阵，通过几个小号为大号积攒流量；通过其他媒体进行导流，充分地挖掘用户需求，增强用户黏性；通过不同平台之间的有效互动以及推动联合发起话题挑战，真正实现站内站外的引流。

引流方法种类繁多，现阶段最主要的就是充分挖掘以及发挥短视频营销的优势与价值，充分迎合不同用户群体的个性化需求，进而达到提升营销创新效果的目的。

（三）强化粉丝活动沟通，增强用户黏性

通过分析短视频营销现状可以发现，现在的问题是在营销中较为重视造势宣传，但是却缺乏与粉丝之间的互动与交流，这样做就无法充分地凸显粉丝之间的互动效率，在一定程度上削弱了粉丝的影响力，降低了短视频的营销效果与质量。

进行短视频营销模式改革创新,要根据自媒体的时代发展规律，明确用户的重要性，根据用户的实际需求，以用户参与感以及代入感为基础，充分保持营销活动整体影响力。因此，在短视频营销中，不仅仅要提升改进短视频的制作质量，也要强化粉丝之间的互动与交流。通过与粉丝之间的沟通与交流，了解粉丝的实际需求，提升营销推广的针对性，增强其对产品的归属感，这样才可以将其转化为积极主动的消费行动，达到提升购买者忠诚度的目的。

六、短视频营销市场未来发展趋势预测

（一）打通短视频营销链路，优化广告主投放体验

与传统媒体相比，短视频营销的投放渠道和投放流程显得更为复杂，其内容供应方和营销受众方均呈现出较高的分散性。在海量资源池中挑选出合适的意向 KOL 并对其目标粉丝群体进行精准投放的过程中， 会涉及多方沟通协调，投放流程繁复，所需投入的精力成本较高，并且缺乏投放后的效果反馈机制。因此，打通短视频营销投放渠道，优化各方沟通对接流程，完善平台大数据资源库，为广告主提供一站式购买服务，这将是未来最重要的发展方向。

（二）专业团队下沉助力，素人原创水平大力提升

由于短视频营销内容的制作涉及脚本创意、表演技巧、拍摄剪辑等多个方面的协同，普通的素人团队很难做到面面俱到，所以短

视频相较于其他自媒体形式来说，有着更高的准入门槛。但随着广告主在短视频营销方面投入预算的不断增加，未来必将有越来越多的专业团队加入其中，为短视频营销贡献更多的专业化力量。一方面，更多“科班出身”的专业视频制作团队将陆续下沉，投入短视频营销业务当中，凭借其多年的视频制作经验以及对市场的敏锐洞察力，为短视频营销的创新提供有效助力；另一方面，MCN 机构也将不断加强对素人拍摄团队的培养和扶持，提升其原创制作方面的能力，以及商务合作方面的专业水平。

导入案例

农民网红“巧妇 9 妹”为何能成功

在广西灵山有这么一个人，她衣着简朴，是一个地地道道的农村妇女；她笑声爽朗、平易近人；她吃苦耐劳、生活美满；她乐于助人，带动全村人走上了致富之路……她就是农民网红，人称“巧妇 9 妹”。

巧妇 9 妹于 2017 年 5 月 19 日开始拍摄“三农”短视频，同时在各大自媒体平台上分享视频。主要分享的是原生态农村生活，趣事、美食、水果种植……同时还利用网络平台销售自家水果，是农业领域创业成功的标杆。如今全网粉丝高达 400 多万，总播放量超过 4 亿，包含销售农产品、自媒体广告收入，巧妇 9 妹年收入非常可观。巧妇 9 妹成功的六大原因：

一、社会迎来消费降级时代

对于农产品来说，消费升级就是除了吃好，还要吃得健康、安全，吃得有品牌、有档次。在这里谈的消费降级不是产品低价，而是消费者对农村文化的需求和渴望。“70后”“80后”“90后”，甚至“00后”都希望接触一些自己不知道的东西，或者平常看不到的东西。因此，以农村文化或者乡野文化为主题的视频或者图片、文章才会受到如此追捧。翻阅巧妇9妹的所有视频不难发现，两类视频很受网友的欢迎：一是食物制作，结合农产品制作美食的视频；二是农事活动，结合农村农事及活动的视频。

二、主人公形象符合网络审美需求

在网络上，大家看多了“小姐姐” “小哥哥” “小鲜肉”，一旦有与这些差异非常大的网络形象出现，就可能会受到网友热捧。巧妇9妹就是农村妇女，但她的勤劳、善良、朴实、聪明、亲切的形象赢得了网友的认可。

三、背靠自媒体平台

2017年，今日头条创始人兼CEO张一鸣宣布今日头条推出“千人百万粉计划”，即在1年内，在平台上扶持1 000个拥有100万粉丝的账号。同时，2017年，腾讯开始打造全新的企鹅号，专注服务图文资讯和短视频内容创作者，投入100亿人民币帮助和扶持企鹅号。2017年，各大平台对“三农”短视频大力扶持，纷纷补贴各大自媒体“三农”短视频创作者，同时平台也呼应大众，大力推荐及帮助“三农”短视频创作者宣传。

四、模式很重要，尤其是盈利模式

巧妇9妹的媒体经营模式采用的是“农业＋直播＋电商模式。”这是自媒体变现最好的方式。直播镜头，一头连着农民，一头连着消费者，透过屏幕让粉丝可以身临其境地看到真实的状况，大大增强了产品的说服力，自然能吸引消费者的目光。

五、产品必须好，否则只是情怀

新华微评表示，农民“网红”不拼颜值靠品质。“柚子哥”“大米哥”等一批农民“网红”火了。他们之所以“火”，拼的不是颜值，而是有品质、过硬的产品。“网红经济”扎根农村沃壤，成为新时代的别样风景，为乡村振兴催生新动力。巧妇9妹除了有自己的农产品之外，还与村里的农民签订农业订单，帮助村里的农民销售农产品。

六、团队的重要性，要有能人

做农业自媒体想要玩出名堂，没有团队或者创作能力真的很难。巧妇9妹的文化水平低，但却具备从事自媒体必备的话题、个性等元素。在巧妇9妹团队中，除了9妹外，还有一个特别重要的幕后角色，就是她的侄子。侄子当时高考是全县文科第五名，上的也是名牌大学。当以9妹为核心的团队成立时，恰恰形成了知识互补，也就形成了“1+1 ＞ 2”的效应。

第二节 “三农”背景下短视频营销的发展

一、“三农”类短视频的异军突起

随着互联网的兴起，众多视频类自媒体如雨后春笋般冒出来，对传统电视媒体形成了不小的冲击。在激烈的市场竞争之后，视频类自媒体也开始呈现出类型化的趋势。近几年，“三农”类视频自媒体异军突起，令人印象深刻。

长期以来，在互联网视频产品中，涉及“三农”的网络视频产品往往被视为边缘领域，数量较少。然而近几年，尤其是2015年起，“三农”类题材短视频在互联网上开始迅速走红，并形成了一个相对独立的内容领域。众多“三农”类知名自媒体开始涌现，无论其粉丝数量还是阅读量，都在迅速上升，这也成为近几年网络短视频领域一个令人瞩目的现象。

“三农”类短视频崛起，引起众多创业者竞相效仿，其背后的根本推动力是商业利益。根据今日头条发布的《2017年短视频创作者商业变现报告》，今日头条对各类短视频团队的盈利渗透率（盈利团队数量、该领域团队数量）进行了分类统计，结果排名最高的正是“三农”内容领域，其盈利渗透率达到了60%。今日头条CEO张一鸣在今日头条创作者大会上，列举了四个头条号作为成功范例，其中就提到了“三农”类视频头条号“欢子TV”。作者曹欢辞职前做保安工作，最高月薪仅3 100元，而在辞职做“三农”短视频一年后，在今日头条就积累了60万粉丝，年收入达50万元。截至2020年8月，欢子TV的粉丝已达160多万。类似的创业故事鼓动了越来越多的创业者尝试制作“三农”类短视频。

事实上，“三农”类短视频仅仅是涉农视频产品的一个类别而已。在今日头条的视频产品线中，1 分钟以下的视频被归为“小视频”，而 1 分钟以上的视频产品才被归为“短视频”，此外还有长视频（一般被界定为 30 分钟以上）以及网络直播。而“三农”题材红火的并不仅仅只有“短视频”，也不仅仅只有在今日头条这个平台上。从 2014 年年末到 2017 年年末，仅仅 3 年时间，视频社交软件快手的营收额就从 7 亿元飙升到 190 亿元。而快手的受众主体一般被认为是农村居民及小城镇居民。2017 年，今日头条也推出“火山小视频”，其 8 月举行的产品发布会，会场就设置在四川合江县的一个偏远农村，其对“三农”类内容领域的重视可见一斑。

为什么一向比较沉寂的农村市场会引起众多网络视频平台的重视？实际上，我们目前看到的网络短视频产品在农村市场风行的现象，从某种意义上说，不是“突变”，而是一种“滞后”。2013 年，中国智能手机销售量首次超越非智能手机，智能手机出货量一年激增 36%。也正是从那时起，国内网络视频平台开始发力，各类自媒体数量开始激增，不过当时智能手机在农村市场的销售并不多，自媒体内容也很少涉及农村。但是到了 2015 年，一、二线城市智能手机出货量增幅下降明显，而以 OPPO、VIVO 等为代表的智能手机厂商加大力度开拓三、四线城市以及农村市场。几乎同时，三大电信运营商也加快了在农村市场的布局，正是在这样的背景下，“三农”类网络视频产品开始迸发，而这背后正凸显了农村市场的价值及其巨大潜力。

二、“三农”类短视频与“三农”电视节目的内容区别

“三农”类短视频的异军突起，难免会让传统电视媒体的从业人员感到一丝困惑。应当说，传统电视媒体对于“三农”领域并非没有过大投入，2005年10月，中共中央十六届五中全会通过《“十一五”规划纲要建议》，提出要扎实推进新农村建设。当时全国各地纷纷开办了省级新农村频道，加强对“三农”领域的宣传。十多年来，众多新农村电视频道为宣传党的农村政策以及促进农村发展起到了很好的推动作用。但是我们也应该看到，当年在全国范围内大批建立起来的新农村频道，在发展十多年后，大多数的营收状况并不算出色，也很少有电视媒体将“三农”作为自己的经营突破方向。这与“三农”类短视频在网络上的红火形成了相当大的反差。那么这种反差到底是因何而产生？两者之间的区别又在哪里呢？

我们首先需要从内容生产方面入手探究。如果从题材类别的角度来看，目前常见的“三农”类短视频大致可以分为以下几类：第一类是农村见闻类，其内容主要是各种农村生活的体验，侧重于趣味，例如爬树吃橄榄果、河里抓野鱼等。第二类是农产品及乡村美食，其内容主要是当地各种特色农产品。第三类是农村情感类，以农村作为故事场景，通过人物间的情感纠葛，寻求受众的情感共鸣。第四类则是农技知识类。相对而言，前两类的短视频创作者最多，而其他类别的相对较少。其中农技类自媒体还是以图文形式较多，短视频相对比例较低。如果仅从以上的题材类别看，那么无论是游乐、美食、农产品还是农技，其实电视媒体之前都有所涉及，差距并不大，而且相比之下，“三农”类短视频的制作水准普遍低下。然而，如果我们细究其拍摄对象和表现方式，就可以发现，“三农”类短

视频与传统“三农”类电视节目有着巨大的差别。

其一，“三农”类短视频的最大特点就是拍摄对象种类极其丰富，远远超过电视媒体的涉猎范围。从深山少数民族的奇趣风俗到农村儿童的游戏方式，幅员辽阔的农村给短视频创作者提供了取之不尽的选题宝库。而局限于城市的电视传媒工作者对此并不熟悉，也不可能不断奔波各地到处拍摄。

其二，“三农”类短视频作者普遍都是农民出身，对农村生活及农民的欣赏趣味都非常了解，由此在短视频中所展现出来的鲜活程度和趣味性都与电视节目有着很大区别。很难想象一个来自城市的主持人能够同样熟练地爬树或者抓鱼。

其三，“三农”类短视频呈现出强烈的个人特征，手机端提供的互动功能使得短视频作者更容易积聚粉丝，形成个人品牌效应。手机端的打赏功能,使得短视频作者可以更直接地获得粉丝的支持。相形之下，“三农”类电视节目更重视单向传播，即时互动能力普遍偏差。

“三农”类短视频的这些优势，并不是传统“三农”电视节目可以简单效仿的，因为“三农”类电视节目和“三农‘类短视频的生产模式完全不同。前者我们可以称之为 OGC（职业生产内容）的范畴，而后者则属于 UGC（用户生产内容）范畴。

三、OGC 生产方式与 UGC 生产方式

OGC 指的是通过具有一定知识和专业背景的行业人士生产内容，并领取相应报酬，如媒体机构的记者、编辑。UGC 指的是原本被动接受信息的用户，生产原创内容上传网络平台，有强烈的个性化特征。一般来说，短视频作者的生产方式，绝大多数都属于 UGC

范畴。据今日头条方面的统计，其平台上的三分之二短视频团队的人数，都在5人以下，相当多短视频作者都是单兵作战。而在“三农”内容领域，UGC生产的特征更为明显，目前在这个领域，像一条、二更之类的知名短视频公司比较少，更多的往往都是像欢子TV、巧妇9妹那样的“三农达人”。

“三农”内容领域的短视频生产，因为以农村为场景，所以就地取材的创作者高度分散。而传统电视媒体创作团队工作地点局限在城市，涉足“三农”类短视频就意味着高昂的时间成本和交通成本。而“三农达人”们的身份特征，又使得专业传媒机构很难取而代之。这就使得在“三农”内容领域，UGC生产方式始终占据着统治地位。而随着移动互联网的发展，这种UGC生产方式更容易发挥其优势。碎片化阅读的应用场景，使得制作水准较低的非专业人士更容易扬长避短。我们可以看到绝大多数的“三农”类短视频的内容都是展示性质，重心在于对新鲜事、新鲜人、新鲜物的呈现，而不是像传统电视节目那样以结构、画面和故事化取胜。这种对“新鲜”场景的大量展示，让传统电视机构难以简单复制仿效。

相对于电视媒体的OGC方式，“三农”类短视频制作者的UGC生产方式也并非占尽优势。绝大多数UGC方式的短视频团队生命周期比较短。据今日头条的分析，该平台目前还在运作的短视频团队中，四分之三都是成立不足一年，能坚持到两年以上的团队不超过10%。只是对于今日头条、爱奇艺这样的视频平台来说，因为UGC创作团队的基数实在太大，即便优质作品比例极低，也足以给平台带来巨大流量。从商业角度说，网络视频平台和传统电视媒体是竞争对手，但是从运营模式说，两者完全不是对位竞争。电视媒体努力以OGC方式自行生产播出视频内容进而获取广告，而网络视频平台却极少生产自制视频产品，主要是集纳各种 UGC 资源和版权资源来获取流量变现。前者重在内容生产，而后者重在资源集纳，运营模式完全不对称。“三农”内容领域出现的反差，仅仅是这种错位竞争差异化被放大的一种现象。也就是说，网络视频平台利用 UGC 生产所取得的优势，并不在于直接干预内容生产，而是集纳各种内容资源。

四、从生产者到集纳者，将 UGC 资源纳入 OGC 生产

UGC 方式尽管有着众多的优点，但也有两个躲不开的软肋。第一是专业水平普遍偏低，很多 UGC 用户的作品有着极好的拍摄对象，却完全做不出吸引人的作品。而第二点更为致命，那就是 UGC 用户对风险和尺度的把握不够严谨，这一点在小视频领域尤为突出，一些网络自虐、造假事件频出，为博眼球失去了底线。国家网信办接连对今日头条、快手等 APP 出手整顿，甚至直接关停了“内涵段子”等一些应用，震动了各大视频平台。在 UGC 内容频频触雷的情况下，不太干预内容生产的应用平台将更加迫切需要质量和导向兼备的优质内容。这有可能给传统电视媒体转型发展提供一个更开阔的空间，那就是将无序的 UGC 资源通过专业媒体机构的规范疏导，整合成更有保障的 OGC 产品。

制作质量和尺度把握，正是电视传媒机构的强项。电视传媒机构缺乏诸如“三农”类内容领域的诸多第一手 UGC 素材，也缺乏类型丰富且人格化的出镜者，但是能指导把关 UGC 用户的生产。只要形成相对统一的生产质控标准，网络短视频所存在的诸多风险可以得到有效管控，也能更充分地挖掘网络视频产品的附加值。

类似的做法并非没有先例。从某种意义上说，以资讯短视频闻

名的“梨视频”，其运作就属于这种集纳 UGC 资源的生产模式。梨视频方面曾表示，他们一天可以获取来自全国各地乃至海外的 3 000 条资讯视频，经筛选核实加工后，最终每天上传 500 条左右。而大部分的拍摄部由分散在各地的 3 万名“拍客”完成。这些“拍客”就是“升级版”的 UGC 用户。发挥贴近拍摄对象的 UGC 用户优势，以 OGC 方式进行指导把关，以集纳方式生产出有质量和导向保障的优质视频产品。这种做法可适用的领域其实还有很多，除了新闻、“三农”，还有美食、旅游等。只要拍摄对象高度分散，那么这种集纳 UGC 资源的方式就有施展的空间。即便不能打造自己的 APP，也能在应用平台上，以较少的代价输出足够多优质的视频产品，从而营建起属于自己的大品牌。

事实上，“三农”类短视频的火热以及其背后 UGC 生产方式的冲击，对传统媒体来说应当是一个警醒，不可能再以自己熟悉的姿势去面对竞争。新技术的发展改变了传播方式、市场环境以及盈利模式。要去适应这种变化，不断改变内容生产方式和营销模式，不断去尝试各种可能，努力在看似饱和的市场中开拓出新的空间。

导入案例

拆解李子柒的营销“套路”，她红得有道理

一、成名历程

2015 年，李子柒开了一家淘宝店，但业绩不太好，她为了宣传产品拍的视频反而反响不错。于是自 2016 年 3 月，李子柒开始录制以中华美食为主题、乡村生活为背景的视频发布在微博上。2016 年 8 月签约微念科技公司，注册李子柒商标。2017 年 7 月微念科技

成立“四川子柒文化传播有限公司”。2017年10月李子柒团队进驻微信公众号，12月进驻抖音。2018年8月进驻淘宝。截至2020年8月，李子柒在今日头条拥有粉丝4 500多万，在微博拥有粉丝2 600多万，在其他平台也拥有海量的粉丝。

二、官方盖章

多个主流媒体对她评价如下：

环球网：不仅是奔波劳碌寻常人理想生活的代表，更是中华传统文化当之无愧的传承者。

新浪娱乐：凭借品质过硬的视频作品、返璞归真的情感共鸣、特立独行的人格魅力、正能量的自媒体之光，不断扩大影响力。

部分主流媒体对她的评价的微博截图如图6-1、图6-2所示。

图6-1　人民日报对李子柒的评价

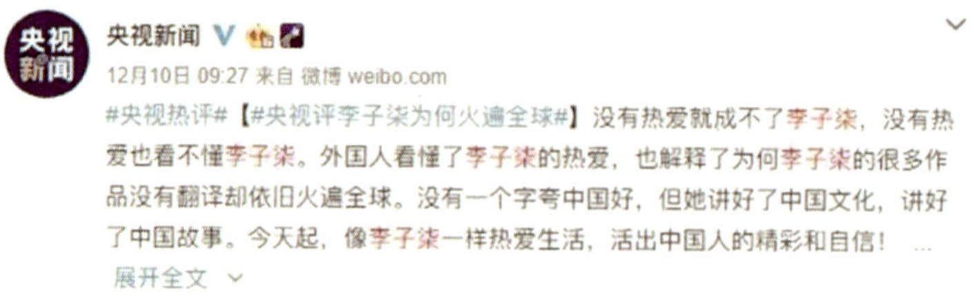

图6-2　央视新闻对李子柒的评价

三、社会荣誉

2017 微博视频自媒体原创总榜TOP1，中国新闻周刊2019年度文化传播人物，2019年8月获微博超级红人节最具人气博主奖、最具商业价值红人，等等。

四、李子柒的品牌拆解

不能否认，李子柒已经成为一个相当成功的品牌，一个相当成功的网红IP。李子柒这个品牌究竟有哪些魔力？

1.精确差异化的品牌定位

李子柒正在代表中国古风田园生活，单这一点就让她与很多流行内容区别开来。李子柒的短视频以中国传统手作为主，桃花酿、秋梨膏、造纸、木屋……日出而作、日落而息的慢节奏乡间生活，是全网独一份儿的内容。因为个性化的品牌定位，内容生产和垂直用户的定位也会不同。

2.古风韵味的品牌形象

身着自制纱衣，婉约恬静又清新淡雅的外形，李子柒的个人形象对建立品牌有着重要的影响，能上山、下田，能入厨房，个人识别度高，返璞归真的生活方式为品牌赋予了独特的魅力。

3.垂直的用户画像

李子柒的粉丝人群主要集中在一、二线发达城市，生活节奏快、生活压力大,使得李子柒这样传递慢生活节奏理念的视频受到青睐。

从年龄来看，粉丝主要集中在20~40岁，该年龄段的用户正处于事业起步以及上升期，更容易焦虑。而李子柒的视频能够帮助他们短暂地远离现实。

五、李子柒品牌营销方式

1. 以短视频为主的传播

短视频是很多企业宣传品牌的新领地。短视频既是内容的载体，也是传播的手段。可以在多终端播放，填充用户的碎片化时间。

李子柒在多家平台开通了账号，内容都是以短视频为载体。她的短视频意境唯美，画面清新，配上古典纯音乐，一幅田园式生活的美好画卷展现在粉丝眼前。

2. 多平台投放，建立传播矩阵

除了抖音、快手、淘宝和微博，李子柒运营遍布B站、美拍、秒拍、微信公众号和小红书等。微信公众号内容为图文＋视频，其余平台是短视频形式。

微信公众号：图片＋文字＋视频，全面展示食材、手作加工过程，沉淀粉丝，增加用户黏性；微博：作为李子柒的大本营，微博的更新更加频繁，与粉丝的互动、抽奖活动也更加密集，是粉丝与品牌互动的主要阵地；美拍：是李子柒最早开始投放的平台，至今一直保持着一周一更的频率，靠着优质的内容输出，吸引更多“颜值党”；B站、抖音、快手：这些是任何品牌宣传都不能忽视的新晋头部平台，其体量大、用户垂直、国风群体和“年轻”的特点，都与李子柒的用户吻合。

在品牌内容营销的过程中，各个平台互相关联，打破信息孤岛，通过不断的分享，形成了李子柒品牌的传播矩阵，达到最终变现的目的。

3. 跨界合作，实现品牌增值

李子柒与“朕的心意·故宫食品”跨界合作，有故宫大IP背书，

“李子柒”这个网红品牌顿时档次飙升，不仅商业价值倍增，更被赋予了传统文化的价值。

4. 品牌引流，商业变现

目前，李子柒在淘宝、小红书都有店铺，藕粉、螺蛳粉也成了店铺的主打单品，销量早已过千万——这得益于粉丝的拥趸。

粉丝量和视频导流，让李子柒从一个短视频达人到品牌 IP，实现了品牌的商业变现。

六、品牌营销模型分析

品牌营销的附着力基于六大要素：简单、意外、具体、可信、情感、故事。

1. 简单

形式简单，短视频形式让用户获取信息极为简单，无须思考和多余操作，就能跟随李子柒进入世外桃源一般的理想生活境地。

内容简单，单人手作过程，没有对话，没有反转的情节，不用动脑动手，粉丝只需要安安静静地欣赏就行。

2. 意外

李子柒生于农村，奋斗于城市，返璞于乡间。一波三折的经历，每一段都是生命中的意外，这样的变化在当代城市化的潮流之下显得与众不同，因此受到了大量的关注。

短视频的走红，让大家认可了李子柒的网红身份，她却一转身与故宫联名，成为央视盖章的“文化输出大使”。身份的意外转换，为她带来源源不断的话题和热度。

3. 具体

回归到内容，李子柒的短视频都是实实在在的具体的日常生活，桃花酿、桂花粥的做法看得见、能复制，粉丝既是旁观者，也是每个生产过程的亲历者。

4. 可信

李子柒的励志故事和多次公益捐助，让大家看到和相信这个女孩的善良和美好。李子柒的作品处处充满美感，诗意的构图、流畅的剪辑，让粉丝打开视频便进入一幅田园画卷。

5. 情感

从关键词云图可以看出李子柒的作品所引发的情感可以概括为“真善美”，这也是自人类出现以来便不断追求的美好品质。如图 6-3 所示。

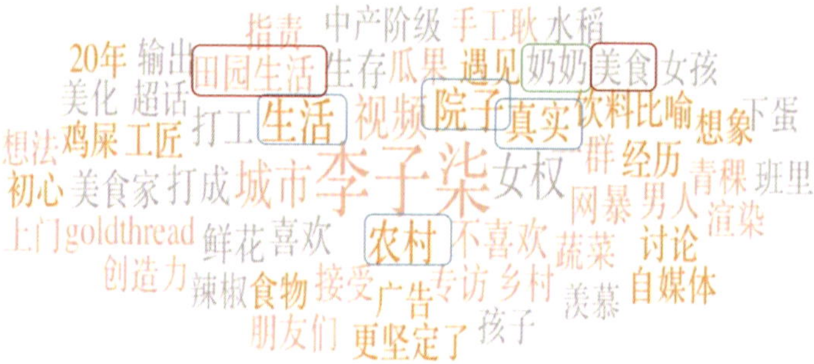

图 6-3　关键词云图

6. 故事

李子柒所有的视频，讲的几乎都是日常吃穿用的手作，以和奶奶生活的亲情为情感线，配合生活中的时间线成为连续剧。她拉近了我们和传统工艺之间的距离，带我们回味了中国传统文化。

李子柒重现陶渊明的田园生活，缓解了现代都市人的焦虑。满足了人们在快速发展时代中渴望慢生活的精神需求。

综上，通过对李子柒品牌营销的分析，打造一个成功的品牌，起码应做好以下几点：“个性化的定位 + 优质的内容输出”；用对营销工具，方便用户的“载体＋媒体矩阵＋大IP背书＋变现平台”；满足有创意的营销要素，简单、具体、引起情感和共鸣的、有意外和转折的故事。

第三节　短视频中的“三农”形象

“三农”短视频是融媒体环境下关于农村影像的微记录。低技术门槛、低识读成本的短视频释放了新时代农村、农业、农民的内容活力，它展示了农村群体生活的真实场景，传递了鲜活、个性、多元的新时代“三农”形象，农村空间由此逐渐进入公共传播。

一、“三农”短视频主题分类

“三农”短视频指以农业生产、农村文化、原生态风景、农民生活为拍摄内容，以中国乡野农民为主要拍摄主体，通过应用平台在社交网络上传播的短视频。

新媒介环境下，“三农”短视频的传播主体呈现多样化趋势、传播内容愈发丰富多元。农村、农业、农民在短视频平台的出场形象有了巨大变化。“三农”短视频愈发体现出传播新意与社会现实价值，展现出中国“三农”的新形象。

（一）乡村原生态短视频

乡村原生态短视频内容包括乡村风景、农家饮食、民风民俗、家庭日常、田间农忙，是“三农”领域数量丰富的主题类型。在商业短视频平台的样本视频中，该类型占比约68%。其内容特点是原生态、淳朴，拍摄随时就地取材，传递农村美好风貌，带给受众愉悦观感。中国自古就有“一箪食，一瓢饮”的自然向往，在线观赏原生态乡野生活成为都市受众的情感寄托与解压良方，观看受众不乏高学历群体。

短视频时代，原生态内容短视频通常与电商形式结合，将贫困地区的土特产通过拍摄展示打造成网红产品，帮助贫困户实现经济创收，也让很多农民开启电商创业模式。快手上的“贵州苗家姑娘”王启红通过在短视频中拍摄贵州当地苗侗美食，与婆婆、丈夫的温馨生活日常，获得粉丝青睐，带动自家土特产的销售。王启红的快手小店目前有水酸菜、干木姜子、柴火辣椒面等多种商品，点击商品链接后跳转至淘宝店，方便受众购买。“爱笑的雪莉吖”袁桂花，带领村里 33 家贫困户推广家乡特色血藤果，相关视频播放量超过 1 700 万。借助短视频平台，许多贫困县的农民实现大山里的电商创业。2018 快手内容报告显示，全国贫困县在快手卖货人数约 115 万人，年度销售总额达 193 亿元。

（二）改装与创意类短视频

改装与创意类短视频是指经过创意加工，具有娱乐效果、表演性质的内容。有些视频在原型基础上改装，如“乡村版维密秀”；有些内容则是个人或团队原创设计。主要特点是搞笑、娱乐，在剪辑、表演方面较为粗放，在样本视频中约占 21%。

套用当下社会流行元素、热点、经典 IP 进行二次创意加工，快手平台上的“3 锅儿”极具代表性。该团队在道具、特效及原创能力上表现非常突出，其作品“乡间维密秀”系列获网络热评，该系列分三个视频，其中最高播放量达 1 000 多万。视频中的男生身穿用芭蕉叶、稻草、仙人掌等组成的服饰，在乡间羊肠小路上模仿“维密超模”身姿走秀、摆造型。视频的配乐或选取具欧美风格的大热曲目，或直接套用“维密”现场使用的歌曲。另一爆款代表作“迪迦奥特曼”在快手平台的播放量达4 000多万。该视频借用“奥特曼”系列动画IP，在此基础上经过半个月的创意孵化，如情节设计、自制道具、搭建场景——莲藕做炮筒，纸壳造飞机。2019年，该视频获得了快手最佳服装道具、最佳导演等多个奖项。

改装与创意类短视频是像“3锅儿”团队成员一样的打工青年与城市拉近距离的方式。作为身处城市与农村交叉地带的边缘人，他们在此过程中渴望获得关注，追求精神共鸣，提升自我认同感；也积极尝试利用短视频这一低门槛的方式表达并传递自身话语。无论是视频中“3锅儿”团队成员浑身涂满泥巴模仿DJ，还是快手“大皇子”利用废弃煤气灶做打碟工具，用撒面粉模拟城市夜店的热闹气氛，本质上都是对城乡差异的无意识解构。

（三）产业引导类短视频

利用短视频进行区域产业带动和形象宣传带来的机遇，使产业引导类短视频愈发勃兴，在样本视频中占比4%。

1.扶贫产业经济

产业扶贫类的短视频，政府主导设立账号，拍摄贫困地区山货和土特产、乡野生活、民风习俗等内容。发挥短视频带货效应，促进当地贫困家庭的土特产售卖，实现贫困地区经济创收。借助互联网红利实现脱贫扶贫，实现共同富裕的美好理想。

贵州盖宝村的扶贫书记吴玉圣开设了“侗族七仙女”账号，他召集七位富有青春活力的侗族当地女孩拍摄侗家琵琶歌、婚礼习俗、长桌宴、农家饭制作等内容。当地贫困户可以入股并参与分红账号直播收入，短视频带货助力土特产销售让许多贫困户受益。目前，该村有多家贫困户入股。

短视频平台开展的“三农”合伙人活动为扶贫产业类短视频提供了动力。例如，优质“三农”内容会获得流量和算法支持，帮助视频增加曝光度，实现精准推送，并对优质创作者提供资金补贴和培训教育。2018 年 9 月，快手幸福乡村创业学院在清华大学开营。全国乡村网络红人可以在此进行品牌推广、管理经验、财务法务等全方位的学习，为进一步带动乡村脱贫做能力储备。

2. 区域形象传播

区域形象传播类短视频通过展现当地特色景区或原生风光，进行旅游资源的开发与宣传，提升地方知名度，带动文旅产业发展，实现当地就业转化和经济创收。

根据《2018 抖音大数据报告》，县城播放量热度十强县中有四个是贫困县。短视频平台不仅可以助力文旅扶贫，也是中国农村传递区域形象的重要渠道。山西永和县于 2018 年 8 月在抖音开设“大美永和”官方账号，截至 2020 年 8 月，有 6.5 万粉丝。该账号发起话题“永和乾坤湾玩转好心情”，重点推介乾坤湾旅游资源；永和县委宣传部副部长药小云也在抖音上录制和家乡有关的歌曲，让网友增进了对永和县的了解，带动了当地游客量的增长。在“山里DOU 是好风光”文旅扶贫活动中，许多地区借力短视频吸引潜在游客资源，稻城亚丁、河南栾川一度成为打卡必去的网红景点。

（四）电商引流类短视频

电商引流类短视频是一种垂直领域内容的短视频，通过拍摄视频进行售卖商品的展示、介绍，将观看者的注意力转化为购买力。视频内容也包括展示售卖者的日常生活等个性化内容，收到拉近距离、不断扩大粉丝群的效果。短视频电商庞大，但该类视频在样本视频中占比仅 21%，这是由于电商博主直接展示商品的“硬视频”

较少，展现日常、个性，与粉丝建立连接关系的“软视频”是主力。

1. 商品售卖

短视频拍摄产品信息比与传统电商平台的图片展示更具真实性，短视频低表达门槛、低理解门槛的特征也使这一媒介形式的目标受众范围更加广阔，这些因素都有利于电商在短视频平台的渗透与普及。

古风美食网红李子柒，其视频以乡村为拍摄场景，拍摄内容为取材自农村的美食制作。在乡野间农忙劳作，背回收获的菜品，进入布局精致的古风厨房现场制作，视频将原始、质朴的田园生活与售卖的产品联系在一起。以“古法”“天然”为标签售卖商品，实现短视频粉丝到店铺的引流。

2. 明星大V助力

电商形式下的短视频也包括网红、明星出镜拍摄视频或参与直播的形式，通过自身知名度、影响力扩大传播范围，引发关注，吸引潜在粉丝群体购买。

2019年由快手平台发起的“福苗计划”邀请97位快手大V助力销售，这些大V拥有较高粉丝量，通过视频、直播等方式让更多因地处偏远而认知度低的产品得到关注，促进销量增长。

二、“三农”短视频中的“热呈现”

“热呈现”是传播主体以主人翁姿态积极主动借助技术进行的高参与度呈现与展演，内容凸显主体性，强调主观意志。从图6–4可以看出，农村、农民、田野、制作作为高频词，体现出“三农”短视频的活跃与不断释放出的内容生产活力。

图 6-4　短视频平台的样本视频内容提要词云图

（一）主动呈现

1. 主动寻求技术赋能

新“三农”形象的“热呈现”首先体现为个体对短视频技术的主动寻找与使用。识读、使用低门槛的技术逻辑让媒介资源更加易得，更广泛的群体获得信息生产与传播的权利，其中最直观的权利是自我表达与展示。从图 6-4 可以看出，大叔、小伙、老奶奶等是短视频中高频出现的拍摄或被拍摄主体，例如，“本亮大叔”在田间弹吉他唱歌，农村老奶奶在手机镜头前做美味农家饭。任何人都能够在短视频中自我表达，其主动呈现的积极性得到充分激发。

技术的更迭和普及为“三农”领域带来红利。无论是视频内容中的创意搞笑设计，还是利用短视频进行商品销售，都是使用者主动寻求媒介、使用媒介的过程。以往农村现实的展示与形象的塑造始终固存于传统媒体的叙事框架之内，是被表达者、被观看者。而利用短视频技术进行的自我呈现是个体积极发挥主观能动性的呈现，中国农村在短视频中主动出场展示。

2. 传播格局中向主动地位转变

中国农村的信息传播处于城市—乡村不对等的二元结构中。首先，由于经济不发达和社会地位的原因，农村所掌握的媒介资源非常匮乏，如村广播、黑板报、有线电视，在传播格局中一直处于失语地位。其次，被塑造的农民形象存在矛盾：一方面是贫穷落后的地区形象、与城市文明相悖的理念习俗，另一方面又展示着新农村建设中的政策支持和成就。这种两极化反映了大众传播媒介在报道中的刻板印象。

短视频赋予中国农村在传播格局中拥有更大程度的自主权与话语权。农村自媒体如雨后春笋般涌现，愈发成为短视频原生内容生产的主要力量。“三农”在媒介传播格局中正在经历从被动到主动的地位转变，由过去的被消费转向生产、消费、被消费并存。农村群体观看、创作愈发积极，生产出大量UGC内容，通过短视频平台观望外部世界进而成为生产和消费主体。

3. 文化意义上的主动

主动寻求技术使用并自我呈现的过程必然需要依赖符号的生产与表达。抖音、快手等短视频平台上每天产生海量由微观符号组成的“三农”内容。其中的文字符号、图像符号都是对社会现实的折射，也揭示出其背后存在复杂的社会关系、文化心理等因素。例如，文字符号上，近几年在短视频平台走红的“双击666”“老铁”等网络流行语，形成了快手等平台特有的老铁文化。图像符号上，“农村小伙儿逆袭走上人生巅峰”的主题、情景剧回忆剧采用黑白慢镜头等模式化影像处理，体现出其背后的草根话语。视频中呈现出的符号集合以短视频的方式在互联网中汇聚，形成特定群体的亚文化进行寄情表达、认同获得，并对主流文化做出消解对抗的尝试。

（二）主观呈现

主观是哲学范畴的概念，指人的意识、精神方面的内容，与客观相对。“三农”短视频的呈现是微观的，是基于个体意识与行为习惯的主观呈现。

1.呈现自我

智能手机等移动终端的普及和短视频的兴起开启了竖屏时代。媒介终端和应用内部交互设计的变化带来视觉构图和拍摄手法的转变。竖屏时代的拍摄以“我”为中心，“我”是画面主体，更是呈现内容的焦点。竖屏的短视频画面聚焦性更强，视野范围缩小，是微缩后的景观呈现。较强的移动性、聚焦拍摄主体——竖屏时代的个体展演，与横屏的全景展示背后的价值观也有着很大不同。以“我”为主，“我拍故我在”“拍我故我在”的自我视角呈现是个性化、个体主义的一次网络汇聚式展演。

2.呈现自我意识下的世界

短视频是连通农村与外部世界的窗口。用户通过短视频这一中间介质呈现自我认知下的世界：一段乡间美景、一场农家宴席、一件及时记录下的生活趣事。在新媒介时代，人人拥有把关、选择过滤的权利，短视频中的内容是个体筛选后的呈现，选择拍什么和如何拍摄呈现的背后是个体思维意识、文化习惯等诸多因素相互交织、相互作用的结果。因此，不同个体透过短视频展现的内容存在差异性，这种差异性不仅体现在拍摄手法、构图等技巧使用层面，更体现在内容生成背后的价值观、文化背景、社会地位等因素造成的认知差异。当用户拿起手机拍摄短视频时，框中选择呈现的内容就不可避免地打上个人烙印。而主流媒体呈现下的内容往往是根据媒介生产框架进行建构，也要遵循媒介组织的定位、规章选择报道内容及呈现角度。

3.主观构建情境

主观的呈现是由众多情境编织而成的。戈夫曼提出人的行为分为前台和后台，前台行为是外在展示，后台行为是私域。短视频这一媒介将前台与后台的中间地带缩小，区别于电视媒体的宏大叙事角度，它更加接近生活日常。短视频中“三农”景观的前台与后台有着一定的重合度。海量内容中一部分是农村空间的原生片段，直观反映现状与真实；一部分是自我排演后的呈现，融合了再创造思维，虽然不是一手素材，但也是社会的反照面，尽管有些内容是以荒诞的方式进行表达，背后依然折射出社会热点与痛点。情景中前台与后台的构建也是个体选择性展现与选择性遮蔽的结果，越来越多后台的真实也在以各种方式展现。

（三）主人翁式呈现

短视频极大地激发了农民群体的参与意识，使散落在乡村中的人们在互联网上重新聚集，他们共同书写并记录着新时代中国农村、农业、农民的议题，关于中国乡村的集体记忆，建构了中国乡村景象。

1.高度的集体参与性

从集体角度看，“三农”短视频呈现出农民群体当家做主意识的提高。例如，快手平台上账号“侗族七仙女”中有许多视频内容是村里的众多侗家人一起参与的：侗家婚礼场景的展现、万人宴、节日聚集在广场上载歌载舞等。这是有意识地通过媒介进行群体形象的塑造与传播以及群体想象的构建。此外，这一由政府创办的账号由村内许多家贫困户入股，参与盈利分红，目的是借助互联网短视频的力量实现脱贫。“三农”短视频使农民群体利用网络高度参与自我管理，促进群体的发展，实现群体共同目标。

2.积极构建集体记忆

集体记忆是群体普遍认同、事关集体的记忆。哈布瓦赫认为个体通过将自己置于群体的位置进行回忆，群体记忆则是借助个体记忆实现的。短视频中“三农”内容是农民构建集体记忆的媒介手段，更是这种集体记忆的承载体。如哈布瓦赫所说，集体记忆不是一个既定的概念，而是一个社会建构的概念。农民群体、农村在外务工群体通过“三农”短视频的拍摄、观看、消费，积极构建乡村集体记忆。他们通过自我展示获得关注，期望寻找自身价值与社会认同；通过观看获得共鸣，加深对群体的自豪感；通过对城市生活的模仿，获得想象性满足。

3. 跨城乡的群体归属感

麦克卢汉认为，人类社会的传播形态在经历过部落化、脱部落化后再次进入重新部落化。以快手、火山为代表的短视频新媒介将散落在互联网边缘地带的乡村群体重新聚集，促成人际的重新部落化。乡村群体聚集在短视频平台上，分享、传播、观看“三农”内容，对内容及背后的价值观有共通的意义空间，进行同向式解读，无论是乡村人还是在城市中的乡村人都从中看到自我生活的影子，产生群体归属感，形成线下散落群体的线上重聚。

（四）主体性呈现

主体性是人在实践过程中表现出来的能力、作用、地位，即人的自主、主动、能动、自由、有目的的活动的地位和特性。

1. 可见性释放主体性

可见性即能否被他人注意，注意力达到一定规模就产生了可见性。移动短视频为社会带来了视觉转向，实现了草根群体的可见性。物理上的空间隔阂由于技术的发展逐渐被连接，更多隐藏于互联网边缘的空间重见天日，释放出其背后群体的主体性。

“三农”短视频使曾经的不可见变成了可见，从而重新分配了社会资源。农民利用短视频经营电商，获得粉丝打赏和经济收入，摆脱贫困甚至发家致富；知名主播收获更多知名度、关注度和粉丝量；农村群体将短视频作为了解外部世界、对外展示自我的平台；农村众多地域成为引发城市群体追捧的旅游打卡胜地，带动当地旅游开发、就业转化，促进区域经济发展。这些可见性的实践过程建构了群体的主体性。

2. 传播民风民俗的新型媒介景观

城乡传播格局的差异使乡村文化的媒介展示与传承一直处于式微地位。快手、火山等平台的使用群体集中在三、四线城市和农村，民风民俗文化的展示成为这些平台上的一道内容风景。如快手上非物质文化遗产侗家琵琶歌、各地婚俗，南安市民俗专家廖榕光在抖音上发布地名来历的文化科普。短视频逐渐成为发扬民俗文化的乡村原生媒体载体，打破了传统媒体对乡村的话语垄断，有利于民俗文化的创新与传承。

在大众传播时代的广播、电视、报纸等传统媒体中，乡村文化是地处边缘地带的亚文化。短视频这一媒介形式更加贴近农村生活，农民群体自发地拍摄传播乡村文化符号，在短视频平台汇聚成可观看、传递的民俗文化整体。目前，快手、火山等平台在中国农村的普及度可达 50% 以上，短视频逐渐根植于中国乡村，由内而发的短视频传播力量能够为民俗文化的传承带来活力。

三、“三农”短视频中的“冷遮蔽”

“冷遮蔽”指传播过程中由于技术、资本、文化惯习等因素造成的客观意义上的现实遮蔽现象。在短视频的“新三农”形象传播过程中，农村图景并非 360° 全景无死角式呈现。其原因主要有以下几方面。

（一）技术引起的遮蔽

技术的普及使更多人获得工具与渠道，但由于媒介接近获得机会的不同及技术本身的运行逻辑，技术同样会带来遮蔽效果。

1.技术普及的不均衡

技术普及的不均衡会带来传播群体的遮蔽。尽管互联网技术的普及带来众多红利，依然有部分群体处在网络世界之外的信息孤岛，无法接入互联网获取服务、无法使用智能移动终端，由此造成信息传播接收上的数字鸿沟。新媒体环境下媒介使用门槛不断降低，但对于无法接入网络获得媒介使用的群体来说，技术却是一层无形的屏障，拿不到这张通行卡，农村会成为人们头脑中缺失的景象。

2.平台推动效应

平台的价值观及运行规律会造成传播内容的遮蔽。传播平台背后存在价值观念及决策实体。平台的海量内容中，符合企业价值观与定位并能带来较大经济利益的内容得到资金流量支持，垄断传播渠道，形成“马太效应”。被算法、价值观、流量潜力评估过滤后，被选中的内容和传播主体的传播声量越发增大，反之会降低曝光度、无人问津，形成平台推动中的沉默螺旋。

3.算法分发固化用户观看选择

算法技术在平台分发机制构建上的应用越发广泛。算法推荐的运行机制是根据用户每日在网络上留存的电子痕迹判断用户兴趣爱好并重点推送相关内容。这在某种程度上决定着用户能够看到什么，是算法权力的体现。长此以往，用户观看集中于算法识别出的兴趣范畴，这种“信息茧房”效应窄化也固化了观看的选择。

从受众观看角度来说，技术遮蔽了可能的观看范围、限制了信息接收，如果一个人从未浏览过“三农”主题的短视频，在算法识别结果下，日后接收相关推送的可能性很小，算法智能推荐带来的“信息偏食”造成部分群体对“三农”情况知之甚少，群体间出现分化，加剧不同群体、不同社区的人群割裂。

（二）网络声量与网络显现度引起的遮蔽

互联网时代即使人人都有麦克风，由于使用者媒介素养差异、社会位阶差异，在网络中呈现的传播声量与显现度有很大差异。

1.用户媒介素养差异

美国媒介素养教学与研究中心将媒介素养定义为人们面对媒介信息时的选择、理解、质疑能力，创造、生产能力及思辨的反应能力。学者彭兰认为，网络时代公众媒介素养包括媒介使用、信息消费和生产等素养。上述素养直接影响信息的生产质量与之后的传播效果。懂得媒介传播规律与短视频特性的使用者在信息生产过程中注重内容的构思、创意、拍摄技巧、细节设计与审美趣味，更易冲出重围。优质、具有新意的内容更易获得高转发量和赞评量；平淡、粗糙的内容不具备较强吸引力，在网络中的曝光度低，传播力弱，很快会淹没在海量信息中。

2.用户所处圈层差异

用户所处圈层决定了传播势能的大小。网络中的使用者对应在现实社会中是处于不同社会位阶的个体和群体。经济收入、社会声望、职业等社会资本因素都影响着不同个体的信息传播势能，网络中存在个体间话语权力差异。例如，公众人物的信息发布总会有大量的跟随者，拥有1亿多微博粉丝的知名主持人何炅的信息传播力是只有几十到几百粉丝的普通用户难以想象的。

传播势能的大小决定了传播声量的高低。中央电视台、《人民日报》等主流媒体的传播声量明显高于地方级媒体，手握广阔的社会资源、身为主流媒体性质等先天性优势会为其带来更大、更广的影响力。

（三）资本引起的遮蔽

内容生产正前所未有地和资本紧密连接：一方面，资本能够为个体、优质内容提供展示价值的平台；另一方面，资本的逐利性使其必然追逐价值利益，造成未得到资本青睐的内容与个体的遮蔽。

1. 无力的普通个体

在内容传播过程中，普通个体信息传播力常常是有限的。没有资本的推力、平台的支持、专业的运营团队，大多内容只是在自身关系圈附近传播，如同一颗扔向大海的石子，无法溅起水花，难以逃脱被海量内容淹没的命运。短视频平台的出现在某种程度上让普通人的内容生产也获得较为平等的传播机会。例如快手宣称的平等、普惠价值理念反映在注意力分配上，则是内容生态多样性构建，采取去中心化的流量配比，使长尾内容占比 70%，给予用户平等的传播权力，再普通的个体也有传播的权力。不过，以去媒体化为特征的新媒体看似能够为大众提供均等的表达机会，背后也同样存在机构化、团队化运营的自媒体对流量的抢占和平台本身逐利本性下算法规则和运营模式所造成的遮蔽。

2. 内容迎合受众消费偏好

短视频为中国新“三农”形象的展示与塑造带来可见性，向外界打通了农村空间，但农村空间可见性一旦被激活，资本会随之侵占乡村空间或草根空间。当内容追逐资本、迎合受众消费偏好，内容生产就会出现取舍，这无形中窄化了可获得的乡村信息的范畴。

此外，资本影响下的内容生产遮蔽了乡村部分特质，以迎合城市受众观看偏好，从而影响了人们对中国乡村形象的完整认知。

3. 机械复制式的内容生产

短视频平台是资本争相入驻之地，也是重新分配社会资本红利之地，资本的入驻使内容创作带有为消费而生产的特性。商业化的内容生产是阿多诺笔下扩散技术带来的结果，内容生产也带有机械复制的属性。受到资本青睐的短视频内容有固定特征，有潜在、可遵循的规律，不同生产主体可以轻松按照同一内容模板进行流水线加工。正如抖音中的众多同质流行视频一样，拍摄者只需利用已有的技术模版表演固定动作，选取音乐搭配即可，不需要对视频艺术、音乐艺术、美学有专业性的掌握和较高的修为。机械化的内容生产抹杀了个性化特质，内容愈发同质化，不仅在调性上同质化，具体内容也愈发套路化。如“三农”短视频中有大量雷同的吃播视频，不同的只是食物的选取。

（四）文化惯习带来的遮蔽

布尔迪厄认为，惯习是群体或个人的实践机制，是一种社会化了的主观性。惯习是个人能动性和被结构决定的无意识的平衡点。身处不同的场域，有不同的实践机制。

1.文化惯习下农村题材表达偏好

城市与乡村分别处于不同的文化领域，有着不同的文化惯习。利用短视频对农村进行呈现时，更多是在展示娱乐化内容，农村风景、生活日常的图景逐渐被展现，降低了城市对农村的陌生感。但农村群体在利用短视频进行自我表达的过程中缺乏对公共事务的关注，在表达视角上还未关注与自身利益相关的公共事务。

这种文化惯习带来的表达上的遮蔽性正慢慢有所改变，如2019年快手上一则安全帽视频走红网络，发布者是一个ID为“小眼哥阿群”的农民工。这类视频的出现让社会关注到农民工群体背后的生活现状，也体现出这一群体在短视频媒介使用上开始注意反映切身利益、参与公共事务的讨论。

2. 投靠主流文化

“三农”短视频中许多内容表现出农村群体对城市主流文化的追求，通过模仿达到与都市叙事接轨的效果。模仿包括在乡村场景进行影视作品经典场景与对白的重新演绎，如快手上“叫我三炮”带着杀马特式斜刘海红色假发，表演电影《小时代》发布的对话。此外，对城市生活场景的模仿也是对主流文化的向往与投靠，如在乡间田野跟着电子音乐蹦迪、跳鬼步舞，在乡村上演维密秀等。对城市文化的模仿与投靠一方面是一种再创造，但由于此类短视频数量的短时激增，挤压了农村原生文化的展示空间，某种程度而言是对农村原有生活方式与理念价值的一种不完全表达，一种主客观遮蔽。

（五）媒介框架造成的遮蔽

媒介在信息生产过程中选择性处理海量事实并通过符号体系建构意义与话语。传统媒体和社会化媒体由于媒介性质、功能定位与媒介立场不同，在“三农”内容的生产框架上有着明显的选择差异。

1. 不同媒体机构、不同的报道主题选择带来的遮蔽

不同媒体都有自己对媒介内容的选择，比如说以 UGC 为主的平台与以 PGC 为主的平台，其媒介框架不尽相同，使得一些内容被呈现，一些内容被遮蔽。例如，低门槛制作、社会化传播使得 UGC 类短视频能深入乡村日常生活的方方面面，从微观层面和平民视角呈现农民生活百态、原生农村风光、民风民俗。不过，选择意味着舍弃，短视频在农业政策解读、农业经济现状等宏观问题内容上是缺失的。

UGC 短视频的拍摄主体以个体居多，是个体在技术赋权下的呈现狂欢，内容以个体视角为主，聚焦生活日常、田野风光、家长里短。此外，短、平、快的技术特性要求使得短视频平台的“三农”议题

在单一视频中呈现的体量较小，短则十几秒，多则不超过几分钟。

不同媒介在报道上由于技术逻辑、媒介机构性质的原因，报道主题有限。如官方媒体报道在政策性解读与新农村建设成就上更加丰富，在叙事上采用宏大视角，可航拍新农村全景、专访农村代表、科普农业科技。

2. 不同媒体机构、不同的报道方式引发的遮蔽

短视频平台的草根性质使其聚集着大量乡村群体，成为草根文化的展示主场。例如，吃播、土味喊麦等草根符号。这些草根符号的互动，生成短视频平台上的“三农”议题领域的亚文化，是对精英文化的对抗与消解，也是平凡接地气的草根群体的网络文化狂欢。

出于舆论引导，为社会发展注入正能量的官方平台在选取事实报道时关注事件本身的正能量性质。以官方平台“三农”短视频的内容提要进行词云图文本分析，改革、趣味、振兴、新风等正能量词汇高频出现。如图 6–5 所示。

图 6–5 人民视频等官方平台“三农”短视频内容提要词云图

（六）用户“消费展演”偏好引起的遮蔽

用户需求的差异带来不同的消费行为。如今人们更加注重符号的消费。符号消费的背后是个体或群体的位阶、品位、偏好等差异

的体现。

1. 用户需求差异性与偏好

在内容生产分众化、个性化趋势下，用户由于需求差异在寻找接近、观看信息内容时会有不同的倾向和选择，期待收获不同的媒介使用满足。“三农”短视频内容的受众包含农村群体、在城市中的农村人、城市群体。三种不同类型的受众在观看需求上存在不同。农村群体积极利用短视频技术手段展现乡村生活、呈现自我，期待获得存在认同；在城市中的农村人如进城务工群体期待排解对乡村生活惯习、农村原生文化、儿时生活的怀念，通过观看获得共鸣，并在此基础上获得社会认同；城市群体身处快节奏的高压现代生活中，期待精神放松，寄托对原始乡村生活的向往。

2. 内容消费价值高低

内容消费价值是指内容的效用高低，包括娱乐度、差异化、创意优劣等。短视频“三农”内容的消费价值决定其是否能够吸引受众观看。在信息解读娱乐化趋势下，短视频受众在观看选择与消费习惯上更倾向刺激性、冲突性强烈的内容，出于猎奇心理形成高流量围观。快手、火山等短视频平台上有代表性的账号也不是每一条都能达到现象级的点击量。只有充分呼应时下社会热点、引发群体共鸣、创意娱乐搞笑或突发事件的视频内容，才更容易获得关注。

此外，内容本身是否个性化、差异化也是判断消费价值高低的一个标准。山野风光与农忙景象的视频内容在短视频中被广泛生产，普通用户作为发布者更是难以激起水花。而类似乡村维密秀、村口蹦迪等视频由于内容具有差异性，更具有在海量同质化内容中脱颖而出的能力。

四、新时代中国“三农”形象异质平台呈现的差异与互补

不同媒体平台在内容与呈现上存在差异。如官方平台在“三农”议题的选择上更关注农业政策、农村经济、农民改革建设成就的内容，对政府行为给予更多侧重，对朴实生活日常、鲜活各异的个体形象缺少展示。官方媒体在“三农”短视频内容上的高频词为农业、农民、改革、美丽等，凸显报道的正能量和对宏观政策的解读与对舆论的引导。

而商业平台在遵守社会主义核心价值观的前提下服务于产品用户，致力于满足用户个性化需求，打造短视频社区，连接用户，其“三农”议题的呈现更偏重于农民个体的展演，贴近日常生活，叙事手法微观。

在“三农”议题选择上，两种平台既有偏差也有重合。重合部分体现在农村风光展现、人物报道、农业发展状况等。偏差部分体现在商业平台缺少官方平台关于如粮食增产、农村城镇化、农村土地政策等方面的“三农”政策报道；官方平台缺少农村个体的日常报道和个性化报道。如图 6-6 所示。

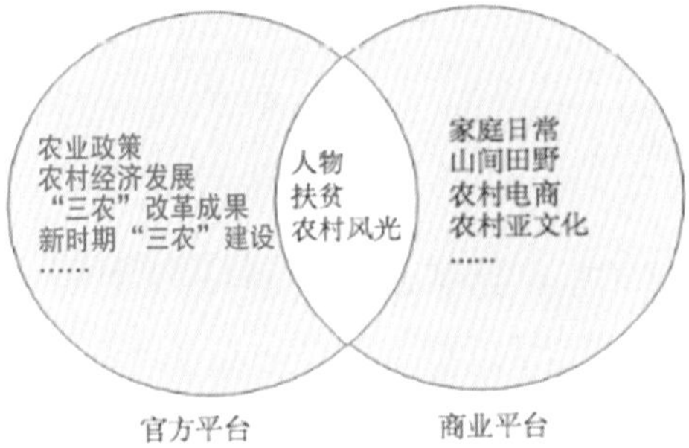

图 6-6　官方平台与商业平台在“三农”议题中的差异与互补

报道手法上，官方媒体作为专业级别的团队在资金、技术上更

加先进，如农村景象的航拍、360° 全景拍摄等，而商业平台内容多是靠用户的一部手机拍摄，部分账号由小团队运营，政府官方运营的账号在设备上略丰富。因此，官方短视频制作精美，画面宏大，多是成品内容的剪辑；商业平台拍摄出的内容主体聚焦性更强，制作上略显粗糙随意，更加符合移动端短、平、快的传播特点。

两种不同的平台分别呈现的是新时代中国“三农”形象的一个侧面，是不同媒体框架、不同支撑技术对“三农”议题的不同呈现。异质平台的差异性呈现，客观上又形成了同一内容展示上的互补关系。宏观与微观、国家与个体、战略与日常，使重要的“三农”议题在呈现上更加全面，客观上也使新时代“三农”形象更加立体、丰满。

短视频的广泛应用激发了用户对“三农”议题的生产力与消费力，这在客观上释放了农村群体的主体性与农村空间的可见性，以往官方媒体模式化的“三农”报道使得中国“三农”形象长期以来停留在惯性认知、惯性解读上，而短视频特别是 UGC 短视频中的“三农”呈现是主动、主观、主人翁式、主体性的“热呈现”，从题材与数量上都扩充了媒体对于中国农村的书写。但与此同时，由于资本、技术、文化、用户消费偏好等原因形成了短视频呈现上的“冷遮蔽”，使得短视频并不能完整地反映中国乡村现实，甚至会出现对乡村书写与记录的整体性偏离。而“三农”短视频在官方平台与商业平台异质平台之间差异性的呈现，成就了两者的互补性，从而客观上起到了纠偏与补齐的作用，不仅丰满了媒体对中国“三农”议题的集体书写，还共同建构着新时代中国“三农”形象。

本章小结

视频包含电视广告、网络视频、宣传片、微电影等各种方式。视频营销归根到底是营销活动，因此成功的视频营销不仅仅要有高水准的视频制作，更要发掘营销内容的亮点。

纵观当前中国的营销市场，电视作为视频媒体有两大难以消除的局限性：第一，受众只能单向接受电视信息，很难深度参与；第二，电视都有着一定的严肃性和品位，受众很难按照自己的偏好来创造内容，因此电视的广告价值大，但是互动营销价值小。

网络视频却可以突破这些局限，从而带来互动营销的新平台。随着互联网的发展和视频网站的兴起，视频营销也越来越被很多品牌企业重视，成为网络营销中的利器。随着网络成为很多人生活中不可或缺的一部分，视频营销又上升到一个新的高度，各种手段和手法层出不穷。

“视频”与“互联网”的结合，让这种创新营销形式具备了两者的优点：它具有电视短片的种种特征，例如感染力强、形式内容多样、肆意创意等，又具有互联网营销的优势。很多互联网营销公司都纷纷推出视频营销这一服务项目，并以其创新的形式受到客户的关注。网络视频营销具有互动性、主动传播性、传播速度快、成本低廉等特点，所以网络视频营销，实质上是将电视广告与互联网营销两者“宠爱”集于一身。

在乡村电子商务活动中，视频营销已经占有一席之地，并将继续发展。

第七章

直播营销

导读

2016年是直播平台的爆发元年。一种新的娱乐社交方式——“直播”开始颠覆市场和大众社交方式。社交1.0时代的博客、贴吧、BBS论坛，造就了第一批“网红”的兴起。2.0时代的微博、微信，有着更加广泛的受众群体、极强的用户黏性，培养了人们的社交习惯，捧红了自媒体市场，迎来了蓬勃发展的市场机会。而直播将成为社交3.0的入口，满足当下社会“90后”“00后”们“求关注”“渴望”“想火”的社交诉求。同时，在新媒体时代，企业的营销方式已经发生了重大变化，直播营销的兴起就是其表现之一。直播营销借助移动互联技术和端口的流量，将创造多少颠覆性机会，对互联网营销格局产生什么样的影响，又将开启怎样一个时代，我们拭目以待。

知识架构

- 直播营销
  - 直播营销发展的原因
  - 直播营销怎么做
  - 直播营销的流程
  - 直播营销的技巧
  - 直播营销的策略
  - 直播营销案例

第一节　直播营销发展的原因

作为网络营销的新方式，顺应人们对购物精致化、便捷化的需求和借助网红达人的市场号召力，直播营销应运而生。它具有传统电商营销无法比拟的优势，备受消费者关注和喜爱。新生事物在与市场磨合的过程中，不断展现出其综合实力。

2019 年 11 月 12 日，天猫发布数据显示，当年天猫“双 11”期间，超过 50% 的品牌商家抓住淘宝直播的新风口，“双 11”全天淘宝直播带动成交近 200 亿元。其中，亿元直播间超过 10 个，千万元直播间超过 100 个。“双 11”活动启动仅 63 分钟，淘宝直播带动的成交额就超过 2018 年“双 11”全天，开播商家数和开播场次同比均翻番。直播几乎覆盖了美妆、服饰、食品、消费电子产品、母婴等所有行业，就连汽车销售也开进了直播间。在美妆行业，2019 年天猫“双 11”期间，直播引导成交已经占到行业整体成交的 16%，其中家装和消费电子产品行业直播引导成交同比增长均超过 400%。

直播营销发展有以下原因：

一、移动网络提速和智能设备的普及

像花椒直播这样的完全诞生在移动互联网时代的视频直播 APP 开始涌现，并受到资本市场的关注。这其实得益于移动网络速度的提升，以及流量资费的降低，视频直播能够比以往更加流畅。更为重要的是智能手机的普及，让人们逐渐“摆脱”无线网络和电脑，可以直接通过智能手机进行视频拍摄上传，这就使得视频直播能够

有更多的场景，从而让企业有了全新的营销机会，可以随时随地更加立体地展示企业的文化，发出企业的声音，而不再仅仅依靠微博和微信。

二、企业需要更立体的营销平台

在过去几年，很多企业、政府机构已经将在微博、微信开通账号，作为企业（机构）品牌营销和文化传播的标配。不过，这些传播主要还是以图文为主的，在微信上，传播方式更多一些，比如一些 H5 游戏或展示页面。但这可能远远不够，图文始终不够立体，用户看到的还都是静止的画面，而在如今这个信息爆炸的时代，单纯的文字传播很可能被忽略。而视频直播的兴起，正好弥补了以前企业进行营销传播时的缺憾，在微博、微信之外，多了一个更为立体生动的营销阵地。

三、网友看视频玩视频的习惯养成

无论是移动互联网时代的机遇也好，还是企业营销的需求驱动也罢，这一切最重要的根基是用户愿意在这个平台上进行“玩耍”。越来越多的人愿意在视频平台上花费时间创造内容和浏览内容，这都得益于用户习惯的培养完成。

拓展阅读

浅析 UGC、PGC、OGC 和 PUGC

1.UGC

UGC 指用户原创内容，是伴随着以提倡个性化为主要特点的 Web2.0 概念而兴起的。它并不是某一种具体的业务，而是一种用户使用互联网的新方式,即由原来的以下载为主变成下载和上传并重。随着互联网运用的发展，网络用户的交互作用得以体现，用户既是网络内容的浏览者，也是网络内容的创造者。

网易云音乐平台的 UGC 内容主要为用户自主产生的歌单和歌曲评论以及电台。之前火爆网络的网易云音乐的“乐评专列”，就是 UGC 内容营销。

2.PGC

PGC 指专业生产内容（视频网站）、专家生产内容（微博）。

优酷土豆是最早发力于 PGC 的视频网站之一。“合力成就、快乐分享”是优酷土豆最新提出的分享精神，让 PGC 内容合伙人参与进来，并建立起完善的 PGC 生态系统。见图 7-1。

内容和体验永远是留住用户最重要的方式，优酷土豆已经与多个 PGC 团队合作制作自制内容。区别于视频行业的自制生态，PGC 生态系统更关注 PGC 内容合伙人的原创品牌，优酷土豆会充分调动资源去帮助他们打造原创品牌。

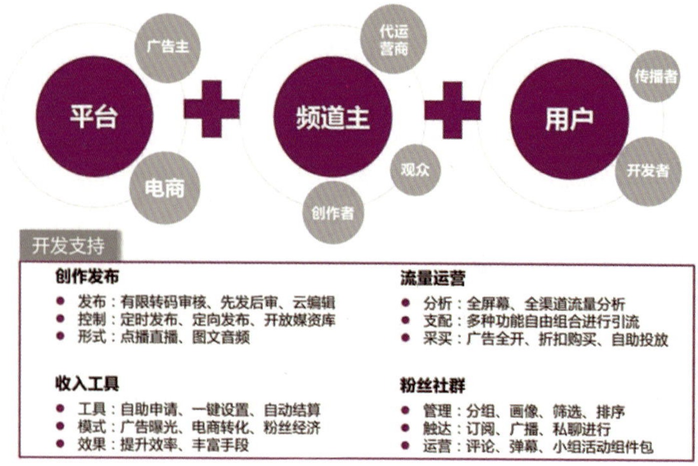

图 7-1　优酷土豆开放生态系统

3.OGC

OGC 指职业生产内容。视频、新闻等网站中，以提供相应内容为职业（职务），如媒体平台的记者、编辑，既有新闻的专业背景，也以写稿为职业领取报酬。

PGC 属于 UGC，但 OGC 不属于 UGC，而是与 UGC 相对立的。

4.PUGC

PUGC 即专业用户生产内容或专家生产内容，指在移动音视频行业中，将 UGC+PGC 相结合的内容生产模式。

喜马拉雅 FM 率先在行业内提出 PUGC 生态战略，内容生产以“UGC+PGC+ 独家版权”组成，同时打通产业上、中、下游，形成完整的音频生态链。

上游内容生产由“UGC+PGC+ 独家版权”组成，同时为主播提供了一整套孵化系统；中游手机、车联网车载平台，利用大数据技术形成用户“画像”，进行个性化智能推荐；下游手机用户、汽车、智能硬件多线布局。

一般认为Web2.0(以论坛、博客为代表)和Web3.0(以社交平台、微博客为代表)的相继流行,UGC功不可没。随着移动互联网的发展,网上内容的创作又被细分出PGC和OGC,甚至有UGC、PGC和OGC谁是主流的讨论。

这三者之间既有密切联系又有明显的区别。一个平台（网站）的PGC和UGC有交集,表明部分专业内容生产者,既是该平台的用户,也以专业身份（专家）贡献具有一定水平和质量的内容，如微博平台的意见领袖、科普作者和政务微博。PGC和OGC也有交集，表明一部分专业内容生产者既有专业身份（资质、学识），也以提供相应内容为职业（职务），如媒体平台的记者、编辑，既有新闻的专业背景，也以写稿为职业领取报酬。如图7-2所示。

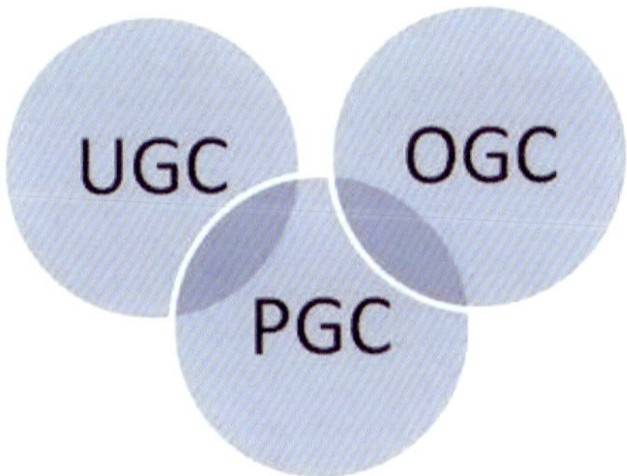

图7-2 UGC、OGC、PGC之间的关系

UGC和PGC的区别，是有无专业的学识、资质，在所共享内容的领域是否具有一定的知识背景和工作资历。PGC和OGC的区别相对容易，以是否领取相应报酬作为分界：PGC往往是出于“爱好”，义务贡献自己的知识，形成内容；而OGC是以职业为前提，其创作内容属于职务行为。

从图7-2可以看到，UGC和OGC没有交集。在一个平台（网站）上，用户和提供商总是相对的，两者之间，既是该平台的用户也是该平台的提供商的角色可能有，但属于极少数群体。

以 OGC 为代表的网站如各大新闻站点、视频网站，其内容均由内部自行创造和从外部花钱购入版权；以 UGC 为代表的网站如各大论坛、博客和微博客站点，其内容均由用户自行创作，管理人员只负责协调和维护秩序；PGC 则在这两种网站中都有身影，由于其既能共享高质量的内容，同时网站提供商又无须为此付报酬，所以 OGC 站点和 UGC 站点都很欢迎 PGC。

显然，PGC 是稀缺的，由于内容的生产是需要成本的（时间、人力和物力），不给付报酬恐难维继，而给付报酬的 PGC 则归属到 OGC 的范畴。无论是以内容提供见长的新闻站点、视频网站，还是以互动服务见长的社区、社交站点，都在努力争取更多的 PGC。

或许 PGC 只是业界的一种错觉，从根本上来看，PGC 是 UGC 的一部分，只是这部分内容相当精彩。互联网内容供应仍是泾渭分明的 UGC 和 OGC。

第二节　直播营销怎么做

一、让你的直播具有专业性

普通人的直播就是随便直播，娱乐而已，谈不上营销。企业直播区别于普通人直播的就是营销二字，而营销的精髓就在于专业。所以企业做直播营销，一定要讲究专业。专业的营销会给用户留下专业的印象，会让用户更相信企业的产品。良好的专业性会让直播营销过程不缺卖点，尤其是许多专业性比较强的产品类包装，可以选择利用专业型强的产品进行营销，在用户的潜意识中形成有问题就找这家企业的印象。

二、让你的直播具有合适的场景

场景在直播营销中也是非常重要的。在新媒体时代，用户更愿意接收视觉信息，合适的场景能给直播营销加分很多。直播营销中的着装、语言，包括饮食习惯都会成为我们关注的重点，私下讨论也离不开这种话题，会停留在我们身边的社交群体。而互联网的发展，将这些现象从线上到了线上，传播范围更广。

三、让你的直播个性化

现在大部分直播平台的内容都是千篇一律，这时候另辟蹊径往往会收到意想不到的效果，一些奇思妙想反而能收获大量粉丝的关注。所以在选择直播之前一定要想好自己要去直播什么，没有被挖掘的市场往往充满着更多的机会。现在一些直播平台为了吸引流量，直播内容也是参差不齐，在直播市场逐渐规范化的今天，一定要选择合乎规范的直播内容。

四、让你的直播有亮点

企业在做大部分直播的时候都还只是常规性直播，毕竟时间和精力有限，不可能随时有特别的创意和场景秀，但是企业在直播策划过程中，一定要保证有独特的亮点能够吸引到用户。红包、情怀、色彩、故事情节等都可以，小小的亮点往往会收到意想不到的直播效果。

第三节　直播营销的流程

直播集合了网络化、视觉化、可交互三大特点，是连接目标群体的、有效且流行的方式。营销的目的是挖掘直播的价值，从而实现自己的利益诉求。直播营销从准备到实施大致可细化为九个步骤。

一、直播立项

直播需要一定的技术基础，需要人员、设备，这对于直播方都是前期的投入，因此评估直播营销是否有可行性，完成立项准备是有必要的。

二、明确直播定位

了解市场，确定直播的定位，需要了解自己的产品状况、直播平台的特点、消费者的信息需求等信息，找准直播的立足点。

三、挑选直播平台

直播平台有很多，如映客、花椒、斗鱼等，还有日新月异不断涌现的新平台，选择好的、适合自己产品的平台是很关键的一步。

四、分析直播用户

锁定用户群，迎合用户的潜在需求，从用户的角度出发，为后续直播形式、内容的选择做理论支撑。

五、设定直播场景

课堂、生产线、销售端等都可以作为直播的场景，由于直播有即时性，要提前计划好直播的场景和拍摄方式，做好必要的准备工作。

六、设计直播形式

直播的形式要提前设计好，确定是单一镜头直播、多机位直播还是多直播间联动，用到的人员、设备等提前准备，为直播保驾护航。

七、填充直播内容

完成直播台本的写作，包括直播时用到的文稿、主播等人的运动轨迹、出镜各种事物的调度，都要提前准备好。注意要贴合直播的主题、产品特性、用户的需求。

八、宣传推广

完成直播的准备工作，就可利用推广、粉丝维护、活动策划将直播的时间、频道传达给用户。

九、直播变现

无论是通过直播促成交易，还是获得客户完成引流，变现都是实现直播价值的关键一步，畅通变现通道、给用户积极暗示等，有利于变现的达成。

第四节　直播营销的技巧

对于正在直播的店铺，平台上的所有用户将会在以下渠道看到该直播间：在搜索、推荐的商品列表中，商品名前将出现“直播中”标签；店铺主页有直播的悬浮窗；直播间商品的商详页有直播的悬浮窗。

对于正在直播的店铺，店铺的收藏用户将会在以下渠道看到该直播间：“个人中心→店铺收藏”将会收到开播提醒；店铺收藏列表中，直播中的店铺将置顶。

平台针对直播间的流量支持还会不断地增加，建议商家可以通过以下方式往自己的直播间引流：

一、直播间的商品优先选择

商家可添加至多100件商品在“小红盒”中，观众可点击“小红盒”查看商品清单，看到感兴趣的商品可点击“想看讲解”提醒主播。而当主播正在讲解该商品时，该商品的详情页将会出现直播的悬浮窗，所以若在该商品本身的曝光量就很大的情况下，会有更多人看到直播间并点击进入。

二、保持稳定的直播频次

平台对于正在直播的直播间会给很多流量曝光入口，直播卖货对于平台的用户还是很有吸引力的，所以商家们一定要抓住前期露出的机会，快速吸引固定的直播粉丝，增加直播销量。

建议商家们前期可以保持每天直播，既可以让自己的店铺获得平台的大量流量，又可以不断地磨炼直播的技巧，将主播人设深入粉丝的印象。

三、提高店铺收藏量

若店铺正在直播，系统会自动对已收藏店铺的用户推送直播消息，所以提升店铺的收藏量，也是提升直播间流量的有力举措。让更多的消费者收藏店铺的几个技巧：①清晰定位店铺、商品的风格，只有定位清晰，才能吸引到特定人群。②店铺时常有新品上新，是吸引买家收藏店铺和商品的有效途径。③设置收藏即可获得优惠券或优先发货等特权，吸引买家收藏。

四、有吸引力的直播封面和标题

所有渠道的直播入口率先露出的都是直播的封面和标题，所以能否让看到的用户都能有兴趣点击进来看直播，封面和标题是一个关键性的决定因素。建议商家们在选择封面图的时候，可选当场直播精选的商品或颜值主播与商品的合拍图，而标题要简单明了，突出当场直播亮点。

五、积极分享直播链接到微信群、QQ 群或微博等社交账号

在开播后，商家可分享直播链接至朋友圈、社群、QQ 群、微博等所有个人关系网所覆盖的社交渠道。将各个渠道的流量打通，互相引流，增加直播间的粉丝。

六、利用短信营销工具

短信营销是一个非常高效，并能以低成本迅速触达大量群体的工具。

1.提前预告

商家在直播开始的前一两天可以用短信提前预告直播的时间以及亮点，重点突出直播的时间，并在短信中插入店铺主页的链接，吸引关注，加深用户的印象。

2.开播后提醒用户观看

在直播开始后，再推送一波短信提醒用户直播已开始，速去观看。短信内容重点突出直播的亮点和利益点，插入直播间链接，便于用户直接点击进入直播间。建议短信推送人群：店铺老客、历史收藏浏览用户。

短信模板：例如“你最爱的可爱少女风新款女装，主播正在直播间亲自试穿，还有大额无门槛券限量送，速来围观(活动页链接)”。

七、客服引导

当有消费者在直播前对商品进行咨询，并犹豫不决或想要更低折扣时，客服可引导消费者观看直播，告知消费者不仅有主播试用、试穿讲解，还会有直播间限量折扣等。

当然，把人引进了直播间只是第一步，如何让消费者留下来看直播，并能在直播间下单，后续成为直播的固定粉丝才是最终目标，所以直播的氛围、互动、内容是非常重要的。

第五节　直播营销的策略

随着互联网的快速发展，网络直播平台也越来越多元化，人们可以用手机或电脑通过网络直播平台进行及时的信息传播。借助粉丝“变现”，催生出更多的粉丝，所以网络直播平台多呈现出草根性、实时性的特点。PC 端的使用更是帮助主播与粉丝之间、粉丝与粉丝之间互动更频繁便捷。

一、打赏和广告营销

直播平台通过与主播签订合约，在主播收到粉丝打赏时分成来赚取利益。粉丝购买礼物送给主播的行为，是粉丝实现自我满足的过程。在这种情况下，优质的主播便理所当然成为加强主播和粉丝互动的关键所在，直播平台也常常会根据用户对主播的喜爱，在直播过程中植入一些产品广告，这样的宣传也的确取得了良好的营销效果。直播平台通过接各种广告来获取利益，广告商利用直播平台来达到宣传目的，从而达成互利共赢的目的。

二、垂直营销

垂直营销是指用户可以在直播的同时，通过发弹幕提问等方式与主播或者商家进行直接的沟通和交流，了解更多商品信息，形成互动。如“直播 + 淘宝”等为切入点的直播形式，已成为越来越多的直播平台获取利益的方式。这种营销手段一方面激活了用户的体验需求，加强了主播与粉丝间的交互性，以动态的角度向用户展示商品，形成更直观更全面的感官刺激。这也是直播平台流量变现的重要手段之一。

三、技术营销

近几年虚拟现实 VR 技术、人工智能、CDN（内容分发网络）技术发展突飞猛进，许多直播平台利用这些技术，对网络直播进行了从视觉到听觉的一系列改进，提升了用户的体验效果，缩短了用户与平台之间的距离，在短时间内吸引大量用户围观，为直播平台带来了更多的潜力和发展空间。但值得注意的是，在直播过程中，应该把关注的核心集中在与粉丝的互动上，而非技术的视觉、听觉效果之上。

目前，直播平台还在不断地建设完善之中，在大平台占领市场重要地位的同时，小平台也有兴起的可能性。但不管是大平台还是小平台，若在直播平台营销策略上不采取具有创新性的改革，将很难继续发展，而最终被市场所抛弃。

第六节　直播营销案例

直播营销逐渐成为商家热捧的一种营销方式，由于它的实时互动性以及对用户注意力的凝聚和品牌营销价值，它开始成为商家的一种重要营销模式,在其发展历程中,也涌现了众多优秀的营销案例。

一、案例介绍

1. 博士副市长上热搜

倘若没有直播，网友们或许很难见到山东省海阳市博士副市长李磊“反差萌”的一面。为了把农产品销出去，这位副市长在直播间连唱带跳，妙语频出：“嚼一口嘎嘣脆”“既能 carry，又能辅助”“我轻轻地尝一口，你说的爱我，还在回味你给我的温柔”。随着“博士市长助力农产品”登上热搜，带货数据不断攀升。

疫情期间，减少外出、避免聚集是最好的防疫，线上购物让“宅”变得容易，而“宅”也为直播经济跃升创造了机遇。

通过直播，不少产品受阻的农产品销路得以通畅。在助推复工复产、经济复苏过程中，不止海阳市的博士副市长，在疫情严重的武汉，副市长李强都曾直播带货，推介特色品牌产品。在全国各地，更有不少“网红县长”“第一书记”等走出会议室，走进直播间，积极“触网”，为地方特色产品“站台”“发声”。

直播经济的本质是营销，而官员跨界本就自带流量，对广大网民来说，想到直播带货，会联想到李佳琦、薇娅，以及“直播新人”罗永浩，而官员被网友想起，和网友接触，往往涉个人事项、社会民生、公共福祉，对生活中的网友而言，官员常常是他们“最熟悉的陌生人”。熟悉源于政府为民服务、无处不在，而陌生则是公务活动，官员个人人格喜好不为人知。而在直播中，走出办公室、行政大厅的他们，不仅要和网友粉丝互动，还要像李佳琦一样推销产品、热烈互动，显著缩短了与网友的距离。

官员纷纷走进直播间，不仅让官员形象更加丰满，也传达着社会更强烈的民声，是多样化的民生政治。对当地特色产业、优势品牌而言，官员直播前做功课，也是在做调研地区经济发展要素的本职工作。令网友青睐的特色农产品背后，是从事生产经营相关环节的百姓群众。官员推介这些田间地头农产品，讲好产业故事，恰恰是在近距离关怀民生。

为了支援脱贫攻坚，利用网络渠道打开地方特色农产品销路，无疑是出于一分善意。从长远来看，必须要保持产品美誉度，遵循市场规律，做好品牌战略。

2. 抖音吹响“小罗号”，3 小时带货破 1.1 亿元

2020 年 4 月 1 日，罗永浩在抖音平台上直播首秀。抖音数据显示，整场直播持续 3 小时，支付交易总额超 1.1 亿元，累计观看人数超 4 800 万，创下了抖音平台当时的最高带货纪录。

单单从数据上来看，罗永浩这场直播无疑是成功的，既有流量又有销量。在直播界几乎没人能在首场直播达到这个高度，这其中一个原因，来自罗永浩粉丝群体的特殊性。一般来说，女性才是网购的重度用户，而这超过 1 亿元的销售额，大部分却是由男性用户贡献的。“抖抖侠”数据显示，在当晚收看直播的抖音用户中，男性用户占比超过 80%。在年龄分布上，这也极为符合抖音的粉丝画像，以 40 岁以下的年轻人占主体，26 岁以下用户占整体的 26.9%，26~32 岁的用户占比达到 47.5%，33~39 岁的用户占比为 16%，而这一年龄分布层的用户也恰好是当下的网购消费主体。

在 3 小时的抖音直播带货首秀中，罗永浩一共带了 22 款产品，主要包括食物饮料、生活居家用品、科技产品三大类，首个亮相产品“小米巨能写中性笔”5 万存货瞬间抢光。在介绍手机小米 10 系列时，小米中国区总裁卢伟冰也现身直播间现场助阵。罗永浩带货的产品中，有三家 A 股上市公司的产品入围，包括石头科技旗下智能扫地机器人，洽洽食品旗下的每日坚果，伊利股份旗下的安慕希。

带货转化可观。罗永浩直播首秀取得的成绩是可观的，从交易额、粉丝量、打赏等方面来看都有突破。直播中各类话题呈现，互动性强，基本体现了本次直播带货的效果，并且实现转化。罗永浩始终是一

个自带流量的话题人物，无论是创业，还是市场上流传的其早年从业的经历，或者是之前关于他的一些话题，其实都为他做直播带来了关注度。此次直播自然也不例外，况且在此次直播之前，一些提前的宣传也早就开始，所以此次直播引得这么多人观看，并且交易总额这么高，也是情理之中的事情。

瞄准男性用户。直播带货出现了以瞄准男性用户为主，让男性主动掏腰包的主播。罗永浩抖音号粉丝大约 80.5% 为男性粉丝，他也成为李佳琪、薇娅等的有力竞争对手。淘宝、抖音、快手在直播上的比拼进一步加剧。

商业化提速。直播带货从以前的“小店模式”进入到更高层次，在吸引品牌、商家、用户等的能力都在加强，并且逐渐专业化，直播将小店模式从商业端撕开了一个口子，直播业务的商务化正在提速。

从零售的角度来看，直播解决了用户的信任问题。零售平台平时遇到较多的问题是消费者对企业、对品牌的信任问题，而直播较好地解决了这一问题。

从产品角度来看，能够解决多维度、立体化展示的问题。以前到门店购买，是让商品自己说话，这样会造成消费者对商品认识不全面。后来通过电商平台，在线上主要是通过图片、视频内容等来呈现商品。而短视频、直播带货的话是多维度、立体化的转化，比如通过主播对产品的体验，平台对产品的详细审核等，形成系统化的推荐方式。

从卖货的角度来看，成本较低，门槛较低。建立一个直播频道比做一个店、开一个渠道成本低很多，所以未来的发展空间会很大。

从流通环节角度看，直播电商可以大幅缩短流通环节，通过借助流量红利、粉丝规模效应降低渠道成本，得到平台、商家的持续支持。

从供应链角度看，直播能够催化线上消费渗透，加速供应链的反应能力，这样可以推动品牌的进一步下沉。

3. 安徽小岗村试水直播带货，两小时销售农特产品30万元

凤阳县小岗村第一书记李锦柱联合波动体育创始人陈理在直播平台一起为小岗村带货。他们面对镜头，化身“带货”主播，为小岗村的农特产品进行宣传推广。短短两个小时的直播，观看人数近5万人次，销售额突破30万元。

李锦柱和陈理“边吃边聊”，集中展示、现场品评小岗村农特产品。为了能增加网友的参与感，本次直播地点选择在国家重点文物保护单位——中国农村改革“大包干”发源地小岗村当年农家，以溯源直播的方式为网友带来健康的淳朴味道。

“抢光了”“卖完了”“瞬间被抢空了”……李锦柱这位“带货官”每每话音刚落，被推介的美味就被抢购一空。如果说美味靠实力受宠，那么网友踊跃下单，则让人看到了一颗颗支持小岗村的心。

直播间里，初次尝试“带货官”角色的李锦柱与网友们频频互动，为网友介绍小岗村蒸谷米、御膳麻油、小岗纯红薯粉丝等一系列特色农产品及凤阳花鼓、小岗村纪念杯、小岗文化笔筒等特色文化产品。通过现场试吃、弹幕互动，乡村振兴与直播、电商的有力结合，在这位特别的“带货官”的强力推荐下，直播平台的网友们反响热烈，通过链接在网上购买心仪的产品。

李锦柱说：“直播是第一次，也是在学习，但是我觉得这个方式很好，和无数网友面对面互动，对我来说就是聊家常，把最真实的感受告诉网友们，因为我们也是老百姓，我们生活中衣食住行吃穿都用得上，所以就把我们觉得很好的东西推荐给大家，直播当中

也看到很多网友表示很支持我们，让我也感到很暖心。”

图 7-3　小岗村溯源直播

直播从晚上 7 时持续到晚上 9 时结束，小岗村第一书记全程带货，变身网红达人，面对网友各种灵魂拷问，金句迭出。在直播推荐中妙语连珠，向广大网民举力推荐小岗村的名优特产和旅游文化，让更多人了解小岗村，走进小岗村。

值得一提的是，这场直播不仅仅给大家展现了小岗村的农特产品，直播间里还请到了大包干带头人严俊昌等 4 位嘉宾一起讲述小岗故事，同时小岗村凤阳花鼓表演艺术家还在直播间里给大家带来了最原生态的凤阳花鼓表演。

小岗村产品资源丰富，蒸谷米、御膳麻油、吉梨膏等众多农特产品产量高、品质好，以线上直播的方式展示小岗村特色产业资源，让农产品通过网络走出来，让农产品从地里走出来。直播为当前商业产品产业化发展带来了极大生机，看起来只是线上的一声吆喝，体现的却是“互联网＋商业”碰撞出来的灿烂火花和新的发展理念。通过直播直接展示小岗村生产的一些农特产品，极大地拓展了小岗村的宣传面，此次直播中的22款优质农特产品也都是从农户中直接采购，“每一粒米、每一粒花生都来自农户”。

4. 贵州湄潭“试水”直播经济，力破农产品销售难题

2019年是网络直播带货元年。2020年因为疫情的发生，助燃了网络直播带货“升级”。

湄潭县的茶企经贵州省扶贫办牵线搭桥，与快手等直播团队展开合作，力图通过新的销售渠道来解决茶叶销售的难题。

每年清明、谷雨时节前后，是贵州省春茶采摘和销售的旺季，也是决定一年收益的关键点。往年每到这个节点，湄潭当地各家茶企都会订单不断，茶园里游客涌动，争相购买茶叶，市场一片繁荣景象。然而，受到疫情的影响，2020年茶企的经济效益大幅下滑，茶园不见游客。

“今年的生意不好做，茶叶价格下降很快，不仅是我们的效益受到影响，连茶农也对种植茶叶缺乏信心。”京贵茶树花产业发展有限公司总经理金志伟说。

按照茶企的习惯，每年春茶上市后，都会囤下一批货，待到来年春节，大销一场。然而受新冠肺炎疫情的影响，消费疲软，不仅是陈年茶，连新茶的销售也受到了一定影响。再加上茶企找不到销路，资金缺乏，又不敢大量收购茶青，茶农的积极性也受挫。

国内的市场不好找，外销市场因疫情同样受到了阻碍。

据了解，湄潭建成茶叶基地60万亩，2019年茶叶总产量7.25万吨，产值52.66亿元，725家茶企都不同程度地存在产品销售难的问题。为化解企业的难题，湄潭县强化金融支持茶企力度，打响一套

“政企银”组合拳，助力春茶销售“破局”。全县金融机构计划发放茶产业发展信贷支持资金 1.6 亿元，已发放茶产业发展信贷支持资金 9 731.94 万元。

资金问题解决了，下一步是如何让茶叶尽快“走进寻常百姓家”。

一直以来，湄潭茶叶都是采取线上线下相结合的销售模式。线下销售一般采取传统的批发、零售的方式，或入驻大型的直销平台，或进超市、学校、茶楼，这种供应方式相对稳定；而线上销售，往往是企业入驻京东、淘宝、拼多多等传统的电商平台。

随着直播经济的“异军突起”，其可视性与互动性一下子抓住了人们的“眼球”，当地的茶企也跃跃欲试，积极去“拥抱”这一新生事物。

对于直播经济这种新业态的出现，湄潭的企业大多持乐观积极的态度，政府也在不断全面的了解中，逐渐加深了对直播经济的认识。

2020 年 4 月 11 日，湄潭县携手湖南卫视茶频道进行了一场“县长直播带货”活动，湄潭县副县长钟发辉在 10 分钟的时间内，在线销售了 272 单春茶，价值约为 2.7 万元。

“此次的尝试让我们了解到，除了寻找主流的销售渠道外，直播经济也是一种很好的辅助工具。但要想将直播经济这种模式运用到位，政府应该对直播带货进行有效的监管。”首次登台直播的副县长钟发辉说道。

由于许多农副产品对新鲜度要求极高，无法依靠直播进行销售，所以寻找主流渠道仍是大宗农产品销路的重点，但是针对茶叶、大米等相对耐保存的特色农产品，直播带货将会起到“锦上添花”的作用。

面对直播经济对当地生产、生活所产生的深远影响，湄潭县政府及相关部门因势利导，将做下一步的规划及引导。

“目前，我们正深入研究直播经济，打算做一个直播电商行业的发展计划，精准定位在推介特色农产品方面，组成专班，制订完善的发展方案，重点从企业中选择人才来培育符合我们当地特色的本土主播。”钟发辉说。

湄潭县名门茶叶有限公司和湄潭县怡壶春茶业有限公司都抢“鲜”一步，分别“品尝”了直播销售这一道“菜”，有所感悟，并提振了开辟新的销售战场的信心。

“只有把‘门’踹开，我们才能够真正去了解直播销售到底是怎么回事！”湄潭县名门茶叶有限公司总经理王辉很形象地说。

与许多业界人士一样，直播带货兴起之初，王辉并不看好这个新事物，但是他也在思考：既然直播带货能如此之“火”，必然有其内在逻辑的，他决定试一试！

“直播带货最大的一个优点，就是时间短，成本低，资金回笼快，企业能够尽快收回初始投资，加快资金的周转，对于资金流较大的茶企很有帮助。”湄潭县怡壶春茶业有限公司总经理杨秀波说。

2020 年 4 月 15 日，怡壶春与直播团队在茶园里举办了一场茶叶带货活动，总共卖出 2 万多单。由于场地、通信等原因，导致销售量尚未达到预期目标，“我们依然看好直播销售。”杨秀波态度十分坚定，表示要把探索之路走下去。

二、案例分析

随着互联网的发展、各种购物平台及短视频平台的迅速崛起，衍生出了一个具有强大生命力的产业链——直播带货。直播营销能创造出与过去传统网络销售完全不一样的模式。传统的销售模式呈割裂状，一件商品往往要经历制造商、批发商、零售商，才能抵达消费者的手中，消费者对产品的认知途径和购买途径也截然不同。

与传统销售模式相比，直播带货加入了更多互动和分享的社交元素，使得消费体验动态化。消费者只需通过虚拟的网络便可完成对产品的了解与购买，这种新兴的消费模式打破了传统的割裂局面，顾客从对商品的认知到最终获得商品的这条路径被打破，销售体系走向了扁平化。

同时，直播经济打破了传统销售模式时间和空间的限制，其所带来的现场感、立体感、体验感等真实感觉，能够帮助消费者迅速建立对产品品质直观的信任感，将单向购买变成双向互动，买卖双方的交流也比传统的销售模式更具温度和趣味性，在短时间内增加了产品对消费者的吸引力，一旦消费者在直播中对产品产生需求，便可直接产生交易。

当李佳琦涂上口红大喊“买它”，你还在暗自嘲笑他的时候，他就已经奠定了“带货一哥”的地位；当中国互联网第一代网红罗永浩经过数次创业失败而转战直播带货行列获得巨大成功的时候，足以证明直播带货极强的未知可能性。五一国际劳动节当晚，在央视新闻“为美好生活拼了”网络直播中，央视主持人宣布更名为“央视 buyers”。带货首秀就成绩不俗，3 小时销售额达到 5.286 亿元！直播间里的高频词是秒没、补货、1 个亿、2 个亿、3 个亿……电视机、洗衣机、空调等产品上架即被抢购一空！

人的注意力才是核心资源。突如其来的疫情，彻底引爆了直播卖货。各行各业都在“抢”直播生意，就连平日里运筹帷幄的 CEO 和高管们也下海开始了直播卖货生涯。对于所有从业者而言，直播不仅是一个销售方法，也是一种营销的新组合、新跨越。自然，它也不是疫情期间的一次线上暂时性增长，毕竟“直播”这种形式赋予了卖货“公开、快捷、方便、有效”的沟通，对消费者更有说服力。

直播带货是一种平台、商家、主播、用户四方共赢的商业模式。直播是“购物场景化”的必然产物，它无疑在推动整个营销价值链的价值转型，比如直播间里的留言、评论与弹幕，都让销售行为更加透明化、公开化，主播能现场针对用户的疑问进行解答。

直播作为一种新型的、直接面对终端消费者的新渠道，能引发出新消费需求，激发了本来不会存在的消费。有些粉丝并不是冲着商品而来，而是冲着“人”来的，然而他们最终下单了，相当于通过内容直播创造了新的购物需求。可以预见，这一趋势只会加强而不会减弱，随着 5G 时代的到来，直播带货也必将成为当下的一种新趋势。

本章小结

直播营销是营销形式上的重要创新，也是非常能体现互联网视频特色的板块。对于广告主而言，直播营销有着极大的优势。

第一，在某种意义上，在当下的语境中直播营销就是一场事件营销。除了本身的广告效应，直播内容的新闻效应往往更明显，引爆性也更强。

第二，能体现出用户群的精准性。在观看直播视频时，用户需要在一个特定的时间共同进入播放页面，但这其实与互联网视频所倡扬的“随时随地性”背道而驰。但是，这种播出时间上的限制，也能够真正识别并抓住这批具有忠诚度的精准目标人群。

第三，能够实现与用户的实时互动。这种互动的真实性和立体性，也只有在直播的时候能够完全展现。

第四，深入沟通，情感共鸣。直播，这种带有仪式感的内容播出形式，能让一批具有相同志趣的人聚集在一起，聚焦在共同的爱好上，情绪相互感染，达成情感气氛上的高位时刻。如果品牌能在这种氛围下恰到好处地推波助澜，其营销效果一定也是四两拨千斤的。

第八章

"三农"中的社交电子商务

导读

传统电商主要是对流量的运营，而现阶段的电商已经进入了消费者运营的阶段。利用移动互联网将"社交"和"电商"紧密结合，诞生了社交电商的新玩法，是消费者运营的重要方法之一。社交电商的玩法能够做到迅速拉新，并且维护老客户，能有效提升品牌的活跃消费者量级。但是社交电商目前也出现了诸如获客成本大幅上涨、部分模式政策风险高等问题。本文将结合社交电商的四种主流模式分析各个模式存在的问题，以及未来发展的方向，这将有利于企业根据行业趋势做出发展规划。同时也将介绍店铺该如何结合社交电商去运营。

知识架构

- “三农”中的社交电子商务
  - 社交电商领域的现状
  - 社交电商的典型商业模式及存在的问题
  - 社交电商的特征及优势
  - 社交电商未来的发展趋势
  - 农产品如何利用社交电商进行推广

第一节 社交电商领域的现状

一、传统电商的现状和社交电商的兴起

互联网的发展催生出了电子商务这种新商业模式，它是通过互联网实现产品曝光，从而达成交易的一种销售形式。经过近 20 年的发展，我国的电商行业越来越成熟，2019 年全国网上零售额突破 10 万亿元大关，比 2018 年增长了 16.5%，增长速度已经开始慢慢下滑。当前淘宝、京东、苏宁等传统电子商务企业用户的增长速度已经下降到 20% 左右，有的企业甚至更低。

这对于电子商务平台和平台上的卖家而言意味着竞争将日益白热化，电商网站站内本身流量越来越贵，于是一部分商家开始去寻找站外的更便宜的流量，这也直接促进了社交电商的发展。其次很多品牌方也意识到一个问题，即在电视上、综艺节目冠名等打广告的收益越来越低，甚至有的品牌投的广告费用与销售额相同，也就是中间的产品成本和物流以及人工都是亏损的状态，这也促进了社交电商的发展。

互联网时代的年轻人喜欢通过网络分享自己的观点，浏览别人的观点，尤其是产品的好与不好。微博短视频开始初期产生了一批网络达人，被称为意见领袖。他们有百万级的粉丝，在自己的社交媒体上分享自己的观点，产生了很大的影响力。

互联网最大的流量集中在移动社交，以微信等为代表的移动社交平台是大量用户每天使用手机花费时间最多的地方，并且沉淀了用户的熟人关系。依靠网络效应牢牢抓住用户，用户具有使用频率高、

黏性强、量极大的特点。此外随着小程序的兴起，商业功能不断完善，为社交电商的进入创造了条件。

微信以即时通信服务起家，逐步加入了公众号、小程序等功能，并且微信支付能够帮助消费者实现快速付款，从而极大地降低了电商的引流成本。

二、社交电商的现状

拼多多及蘑菇街等企业的上市让资本市场看到了社交电商在拉新引流上的强大能力，社交电商也在资本的助力下成为行业风口，2018 年行业已达到 6 268.5 亿元的规模，较 2017 年增速高达 255.8%。系统的社交电商平台主要有以下几个：

（一）拼多多

拼多多算是“社交电商”的老前辈了，它通过差异化定位，在大平台消费升级的背景下，定位三、四线城市的用户，提供低价的可用商品，找到市场空白。它所依靠的是“拼团模式”。拼多多主要利用微信等其他社交平台进行推广，抓住三、四线城市消费者消费力偏低的特点，用户以朋友圈、群聊、私信等方式分享产品及活动链接便可获得奖励，从而让更多人参与进来。通过拼团砍价结合社交的力量将用户下沉，从而达到销售裂变的目标。这样可以低成本地获取对价格敏感的用户。拼多多上市之后，一直积极转型，谋求品牌化发展来增强用户黏性，通过设置“品牌馆”等一系列措施，极大地降低了 APP 卸载率，新装留存率也创下新高。

（二）京喜

京喜的前身是京东拼购，它是京东集团旗下的个人社交电商平台，以全面升级的拼购业务作为核心，以微信为主要载体，基于包括微信、手机QQ两个亿级平台在内的六大移动端互联网渠道打造而成的全领域社交电商平台。它几乎复刻了拼多多的模式。京喜以京东商家为基础，利用拼购等营销方式，通过拼购价及社交裂变的玩法，推动用户主动进行多级分享裂变，从而帮助商家实现低成本拉新引流，提高转化率，主打的是"低价不低质"的概念。

（三）贝店

贝店是母婴品牌贝贝网旗下的子品牌，是专注家庭消费领域的社交电商平台，贝店采用了"自营+品牌直供"的经营模式，贝店与源头品牌方直接合作，店主无须囤货、发货，由贝店进行统一采购、统一发货、统一服务。与传统平台的不同之处在于，贝店主要通过消费者之间的分享和传播，连接了供应链、店主及消费者，更好地将精选好的货品送达消费者的手中。

（四）未来集市

未来集市推进社交的方法主要是利用大数据进行社区运营及培训，为用户提供产品化与内容化的综合服务。主要产品形态是移动端的APP，适合碎片化时代的应用场景。包含了水果生鲜、居家日用、美妆个人护理、母婴用品等类目的商品，一站式满足消费需求。PC端、微信、手机APP均可下单。

（五）云集

云集在2015年5月正式上线，比起传统的电商巨头，云集还是一个年轻的选手。虽然云集是电商领域的新玩家，但对流量的把控十分精准，从上线到在美国纳斯达克上市，云集只用了4年的时间。尤其是创新性地使用了S2B2C的会员电商模式，打破了传统电商的经营模式，使得货品和用户之间的距离被大大缩短了。云集最开始从分销制电商出发，目前已经"转型"为会员制电商，不过仍然依托社交媒体作为重要的分发渠道，社交电商的潜力之大也由此可见。

第二节　社交电商的典型商业模式及存在的问题

一、拼购类社交电商

（一）模式简介

拼购类社交电商领域的 TOP1 非拼多多莫属。利用在社交平台分享的方式进行组团，以此聚集多位用户下单购买，用户组团成功后便可以享受更大的优惠，通过低价的方式提升用户的参与积极性，用户主动分享也为平台低价拉新做了突出贡献。

拼购类社交电商引流成本低，引流第一批开团用户后，用户会主动分享链接为平台引流，拼团信息在传播过程中也有可能吸引到其他用户再次开团，最终实现传播次数和商品订单裂变式的增长。

（二）模式分析

拼购类社交电商主要是基于社交关系发起的团购、低价及分享导向型的电商。其目标用户多是中低收入、对价格敏感的用户，拼多多平台的平均客单价 2018 年仅为 42.5 元，该客单价远远落后于传统电商平台的 100~500 元的平均客单价。

拼购类社交电商以一些快销品、生活用品、服装等低客单价的商品为主，大多数商品的价格都在 100 元以下。拼购类社交电商能轻松引流及让用户主动分享的关键在于通过转发分享可以获得低价。拼购类社交电商可以实现低价的主要原因集中在以下几个方面：

第一，通过拼团的方式引导用户进行主动分享，降低了拉新成本，缩短了购买用户流转周期，并通过分享激励的方式增加用户的黏性，例如分享砍价。

第二，拼购类电商体现了“发现式”购物的特点，拼多多也会利用反向推荐的算法，将大量流量汇集到少数爆款的产品，通过规模化带动生产侧成本的降低。

第三，平台通过集中大量订单，获取对上游厂商的溢价权。同时，平台商家主要是工厂店，大大缩短了供应链，降低了中间的成本。

（三）模式发展的趋势以及未来可能面临的问题

传统电商经过多年的发展，在“消费升级”的背景下进入品牌升级的阶段，流量慢慢向头部商家集中，大量的低端产能被淘汰。而这些低端的过剩产能刚好满足了中小城市的用户需求，借助微信在社交领域的优势，迅速地在中小城市发展起来，从而取得了快速发展。

随着行业走向成熟，大量玩家开始进入市场，获客成本必然持续上涨，对于社交电商而言，价格优势也在慢慢消失，依然要面对品牌化转型的过程。然而品牌商家的强溢价权、流量汇集能力，实际上都与此类平台的低价优势相冲突。低价和大量的补贴也不利于拼购电商平台的持续健康发展。

二、会员制社交电商

（一）模式简介

会员制社交电商是以 S2B2C 的方式打通消费者与供应商，再利用社交的优势招募会员的模式。

会员制电商是个人微商的升级版，在微商时代，店主需要自己完成采购、定价、销售、售后等流程，而在会员制电商模式下，用户只需要负责引流，进行用户运营即可，其他的环节全部由电商平台来完成，店主只需要通过分享完成引流及用户运营就可以获得收入。

（二）模式分析

会员制电商的优势在于分销裂变带来的获客红利。为了降低引流拉新成本，平台会推出有吸引力的晋升机制和奖励机制，刺激店主进行拉新引流及维护老客户，从而降低平台的拉新成本及客户运营成本。

由艾瑞咨询提供的数据显示，2018 年云集的单个客户维护成本为 41.2 元，相比之下，天猫、京东、唯品会这些传统电商巨头的客户维护成本则高出很多。

平台也针对店主推出了专门的优惠措施，刺激店主在平台消费，这一举措有效地增强了平台会员的活跃度和忠诚度。

由艾瑞咨询提供的数据显示，截至 2018 年年底，云集拥有的付费会员数量达到 740 万，其中交易会员数量达到 610 万（交易会员数指的是一年内至少成功推销或者自身消费一笔的会员人数），占会员总体人数的 82.4%，会员高度活跃。交易会员的人均年消费已经达到了 2 471 元，远远高于平台整体 978.4 元的水平，会员的活跃度、忠诚度以及黏性也远远高于普通消费者。

（三）模式发展的趋势以及未来可能面临的问题

会员制电商发展的初期，大量原微商的从业者涌入，推动了行业快速发展。大量品牌与电商企业入局进行探索，借助小 B 端实现快速地裂变。此阶段对小 B 端的争夺和培养会是更大平台的主要任务。

但随着行业逐渐走向成熟，一方面，会员制电商的分销模式与传销类似，有极大的政策风险，平台将逐渐降低政策风险，减少分销层级，关键点将会聚焦在带货能力上。另一方面，拥有分销能力以及意愿的小 B 端毕竟是有限的，当平台对这部分人群的渗透达到一定程度后，就会出现平台带货能力达到天花板的情况，此时行业竞争又会回归到供应链以及服务能力的竞争。

三、社区团购

（一）模式简介

社区团购模式仍然是 S2B2C 的一种，主要利用宝妈或者是便利店店主进行引流、商品推广及用户运营，由团购平台负责采购、仓储以及售后服务。

社区的居民加入之后可以通过微信小程序以及 APP 进行在线下单，社区团购平台统一将商品配送至团长处之后，由居民自取或是由团长完成“最后一公里”的配送。

（二）模式分析

微信变现能力的增强、小程序的发展，为社区团购提供了便利的工具。社区团购模式的核心价值主要集中在以下几个方面。一是以团长为核心的熟人社交网络，便于产品在社区内的自然传播，有效地降低了获客成本；二是社区居民在拼团时需要提前在小程序或 APP 上进行下单，并完成支付。平台通过预付制来锁定订单，汇集大量的订单来获取与上游供应商的议价权，同时以销定采，以降低损耗与库存成本；三是在物流阶段，供应商将货物运送到平台的仓库，平台则负责将货物运送到各社区团长手中，由团长完成“最后一公里”的配送或由用户自取。由于中间环节少，有效地控制了终端配送成本。

社区团购平台以生鲜作为引流，切入社区居民日常消费当中，生鲜是高频率、高复购的商品，另外也是损耗很高、毛利低、物流成本高的商品。社区团购模式通过预售制、集中采购、集中配送，增强了现金流，降低了损耗，提升了供应链效率。

（三）模式发展的趋势以及未来可能面临的问题

社区团购模式较为简单，行业门槛并不高，自 2016 年出现以来，行业发展非常迅速。“集采集销”的模式导致行业不存在“小而美”。规模化、集中化、专业化地发展是增强对供应链及物流等企业的议价权、降低成本的关键。行业发展初期，提高佣金也是大部分平台抢夺团长的主要手段，另外打“价格战”也是抢夺市场的主要方式。

实际上，在社区团购的模式下，团长和用户的转移成本很低，对平台的忠诚度低。能够吸引用户购买的关键还是物美价廉、性价比高的商品，而订单的规模化增长也可以反向推动成本的降低。最终行业比拼的还是供应及精细化运营的能力，这是控制成本的关键，烧钱并不是长久之计。如图 8–1 所示。

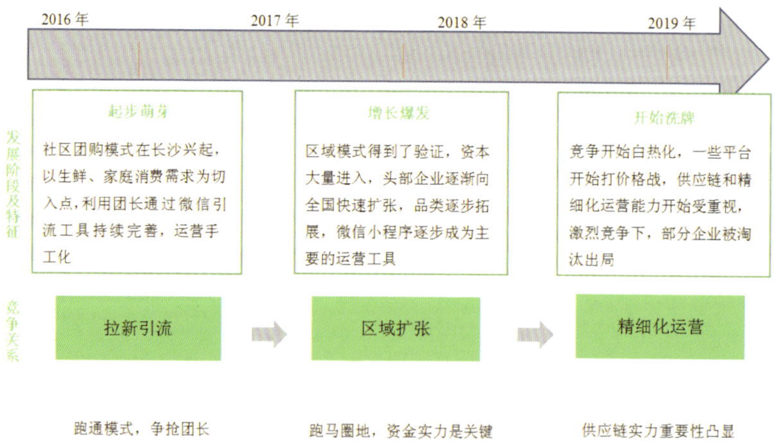

图 8–1　社区团购的发展历程

四、内容电商

（一）模式简介

年轻人逐渐成为网络消费购物的主力军，为了满足年轻消费者逐渐个性化、碎片化的消费需求，电商开始逐渐与内容平台及内容创作者结合，同时这也为内容创作者提供了变现途径，内容创作者也利用自己的影响力来影响消费者的决策，实现带货。

内容社交电商指的是通过图片、文章、短视频、直播等各种形式的内容来影响消费者的购买决策消费，实现商品与内容之间的协同，提升电商的营销效率，帮助实现网站成交金额的一种电商新模式。如图 8–2 所示。

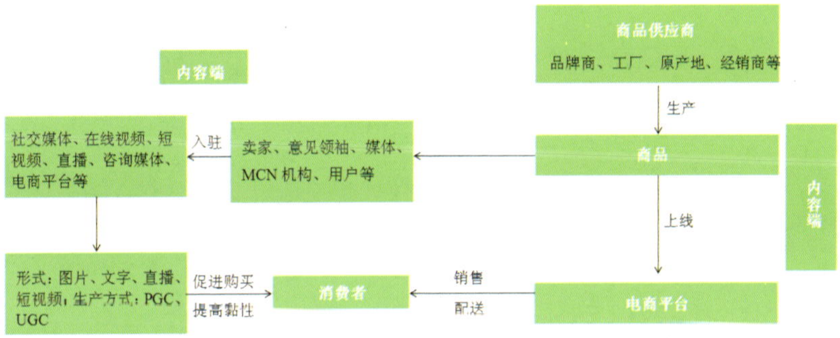

图 8–2　2019 年中国内容社交电商的供应链

（二）模式分析

电商和内容产业融合是个互补的选择，对于电商平台而言，移动互联网的蓬勃发展所带来的流量红利即将耗尽，引流成本提高，找到与品牌相符的内容创作者，能实现更精准的拉新，提高人群的流转率。

对于内容生产者而言，坐拥大量流量后也急需寻求变现途径。近几年，消费者表现出的对服饰和美妆内容的认可也让品牌方和平台意识到了时尚内容的重要性，宣传渠道慢慢向 PGC 内容平台以及自媒体转移，电商已经成为众多内容生产者的重要变现途径之一。

（三）模式发展的趋势以及未来可能面临的问题

内容电商与电商内容化，两者的深度融合是行业发展的必然趋势。内容平台的电商化为内容平台和内容创作方提供了良好的变现渠道，同时内容行业的商业化将更好地促进优质内容的产出，推动整个内容电商行业的发展。而电商平台的内容化运营则丰富了电商商业的营销方式，为平台提供了新的获客方式。

第三节　社交电商的特征及优势

一、社交电商的引流成本低

相比较传统的电商而言，社交电商具有诸多优势，例如：黏性大、互动性强、引流精确、商业潜力巨大、营销时间短、获客成本低等。它不是靠数据“杀熟”获利，而是将商品以更加有活力有内涵的独特方式卖给消费者。这就使得社交电商必须以拉新、用户运营和内容为基础。如今，越来越多的电商群体将生产优质的内容作为日常运营的一部分，因为好的内容可以提升消费者对品牌及产品的兴趣，促使消费者购买。

二、从“搜索式”到“发现式”，从“人找货”到“货找人”

相较于传统的电商而言，消费者的购买行为通常是“搜索式”的，用户在有了购物需求之后，再去传统的电商平台搜索自己想要的商品，这样的过程是有明确目标、有计划的，消费者一般只会浏览自己需要的商品品类，这是一种“用完即走”的方式。

相比之下，社交电商的购物模式是“发现式”的，也就是把商品主动分享到消费者面前，此时消费者的选择通常是有限的，同时通过低价、内容等方式，刺激用户的购买欲望，是一种非计划式的消费行为。并且通过信任机制快速促进购买，提高转化率，最后通过奖励机制刺激消费者主动分享的意愿，降低获客成本。

三、基于用户的去中心化传播网络，为长尾商品提供了广阔空间

在商品过剩的大环境下，搜索排名几乎决定了用户的购买意向，流量聚集在排名靠前的头部商品，传统电商已经开始走品牌化升级的道路，中小长尾商家在这个过程中突围的机会更加渺茫。

社交电商则给这些商品带来了机会，社交电商以个人进行货品及活动的传播，每一个分享的用户都可能为品牌带来成交，使得流量呈现去中心化的趋势。

熟人及意见领袖的推荐会降低消费者对品牌的依赖度，产品足够好、性价比足够高，就可能通过分享带来大量的成交，为长尾商品提供了更多突围的可能。

第四节　社交电商未来的发展趋势

对于 2019 年处在风口的社交电商来说，进行未来发展趋势的猜测十分不易。但是对于越来越多投入社交电商的人来说，社交电商的发展趋势大概可以概括为以下几点：

一、潜力巨大，仍有较大的市场发展空间

社交电商目前仍然处于初级阶段,整体市场百花齐放、百家争鸣，呈现多元化趋势。微信小程序的不断发展，也为电商的发展创造了巨大的机会,从用户规模上来看,社交电商市场尚有巨大的发展空间。

二、市场逐渐走向规范化

在社交电商快速发展的初期，亟须法律给予明确的规范。脱离道德约束、法律规范的社交不是社交，脱离情感纽带的社交也不会长久。

随着社交电商的持续发展，为了规范市场，构建良性的发展秩序，国家颁布了一系列的政策:《“十三五”国家战略性新兴产业发展规划》以及《电子商务“十三五”发展规划》等，《中华人民共和国电子商务法》在经历数次审议后通过，自 2019 年 1 月 1 日起实施。2018 年 10 月 10 日，以京东、阿里、苏宁为代表的数十家电商企业一起签署了《电子商务诚信公约》，承诺抵制偷税漏税、抵制制假卖假、抵制虚假广告、抵制刷单炒信，进而保护平台商品质量，提升用户体验。

三、“社交电商”模式将逐渐向综合体方向发展

伴随着社群意识的觉醒，从社区开始发家的“社交电商”平台模式会慢慢往综合体方向发展。但是在这类模式中，社交和电商的兼顾与平衡将是一个难题。

重电商，就会导致社交功能的弱化；重社交，就会限制平台的盈利能力，同时也无法与真正的社交平台相提并论。因此，社交与电商之间的平衡和博弈将在找到平衡点后逐渐往综合体方向发展。

四、传统微商代理的模式将会逐渐被淘汰

传统的微商模式会随着时代的发展慢慢面临淘汰，没有正规的培训，暴力刷屏给朋友圈所带来的厌烦与困扰，会不断刷低他们在客户心中的信任度和口碑，让客户产生反感和抵触心理，随着时间慢慢推移，这些问题将会被进一步放大。另外借助微信所发展起来的微商，交易过程中缺乏第三方平台作为保障，提高了交易风险，也降低了消费者对传统微商的信任，同时也制约了传统微商自身的发展。

在可以预见的未来，以网红为纽带的社交电商模式不但不会消失，还会继续发展壮大。因为流量变得越来越贵，那么就需要有人出来“表演”，把精准的流量引入消费场所或店铺当中去。一个产品或者品牌不可缺少的就是粉丝，有了一定量的粉丝群体的商户才能在未来的电商中取得优势，而互联网越是发达，资质优秀者的影响力就会越大，未来专业网红等将会变得非常火热。

第五节　农产品如何利用社交电商进行推广

一、从产品及生产的角度看

从节约物流成本维持店铺好评率（不同类目的货品行业的整体好评率是不同的）的角度来看，更推荐刚起步的农产品电商卖家做易于保存运输的产品。最好不要选短时间内容易变质或者打蔫的品类，这些品类首先容易坏或者打蔫，这种情况一旦出现会使差评、退款、换货、投诉等大量增加，影响店铺的信誉及销量。著名企业家网红罗永浩在2020年进军电商直播行业以后就翻过这样的车（图8–3）。在2020年5月15日的直播中罗永浩为“花点时间”销售的玫瑰出现大规模打蔫和腐烂的现象，遭到大规模的投诉（图8–3）。如果决定选择此类产品，为了保证产品送到客户手中仍然品质完好，可以选择使用保鲜膜等材料包装，防止水分流失，以及采用航空运输、冷链物流、干冰低温保存等方法。

在5月15日的直播中，我们上架销售了"花点时间"玫瑰。但今天我们接到了大面积的投诉，很多客户反映在收到礼盒时，花瓣已经出现打蔫和腐烂的情况。在看到这些反馈后，我们非常不安，也无比愧疚。

目前，我们的商务和法务部门已经按事先双方签署的协议精神，要求"花点时间"将购买该产品的全部款项原数退还给消费者。

考虑5.20这个时点的特殊性，原价退款也无法弥补大家在节日当天的遗憾。因此，交个朋友直播室决定按原价再额外赔偿一份现金给所有下单的直播间用户（总值约人民币一百多万），也就是说，所有购买"花点时间"玫瑰的用户将得到双倍的现金返还，希望这多少能缓解一些因为我们的工作失误给大家造成的不悦。我们也考虑过以某种应景的礼物来表达我们的歉意，但总觉得作为商业机构，没有什么对消费者的补偿比现金更加诚恳，所以还是做了这样的决定。

我们自4月1日开播以来，一直对产品的质量问题格外重视，我们深知生鲜类产品在运输环节上的难度和挑战，尽管我们倍加小心，但仍然出现了这样的事故，实在是万分惭愧。

我们今后一定会对选品采取更严格的执行标准，对合作方在产品质量上提出更严格的要求，并为容易出现质量问题的品类设计额外的严格赔偿措施。

其实，我们一贯的合作风格都是比较厚道的：如果合作方产品质量过硬、价格公道，我们通常会在承诺条件之外，还附送很多的额外宣传，提供更多的额外宣传曝光，让很多合作伙伴都非常意外和感动。

但是，如果合作方的产品出现大规模的质量问题，并且出事后不是十万火急地、如履薄冰地、态度诚恳地尝试帮消费者解决问题，而是讨价还价、心存侥幸，那我们也一定会毫不留情地为消费者依法实施报复性维权，就像某人当年不知疲倦地帮助某德国品牌一样……

但是，如果合作方的产品出现大规模的质量问题，并且出事后不是十万火急地、如履薄冰地、态度诚恳地尝试帮消费者解决问题，而是讨价还价、心存侥幸，那我们也一定会毫不留情地为消费者依法实施报复性维权，就像某人当年不知疲倦地帮助某德国品牌一样……

再次向这次受害的消费者们，和交个朋友直播间的所有朋友们表达我们深切的歉意。

———————————————

注：出现质量问题的是"花点时间"品牌的玫瑰花束，不是同一场销售的" roseonly "品牌的"永生玫瑰花球"，大家千万不要弄混了，多谢多谢。

图8–3　网红罗永浩直播带货“翻车”

对于农产品的推广而言，确定自己将要销售的货品之后，由政府或者企业牵头进行类似“一县一品”的扶持是一个不错的选择，可以一个县或者一个乡镇主推某几个货品。对个体卖家而言，想从事电商机会已经不多。绝大多数个体农户连申请各电商平台的旗舰店或者专营店的资格都达不到，在淘宝、京东、拼多多开旗舰店或者是专营店，除了需要公司营业执照、对公账户开户许可证、税务登记证等相关资料之外，还需要缴纳几万到几十万不等的保证金，具体保证金金额根据平台及类目不同而有所差别。而C端的个人店铺目前在各平台的生存空间都不大，且整体呈现下降趋势，不建议开C端的个人店铺。

一个县或者乡镇的农户由政府牵头联合在一起建立相关公司，或者直接跟有关企业合作,这样能够形成规模效应,使得生产规模化、专业化。这有利于提高农产品的品质，批量采购生产原料也有利于降低生产成本，规模化种植让机械化作业成为可能。从长远的角度来看，建议一个区域主推多个上市季节能够错开的农产品，这样可以避免店铺销量出现季节性，同时也可在全年对店铺的粉丝会员进行充分利用，以提高店铺的销售额。一般情况下，店铺爆款商品品类越多，粉丝会员也就越多，因为店铺商品品类越多，受众就越多，但不建议刚起步的店铺涉足太多的品类。

从推广的角度来看，由政府或企业牵头的规模化经营才能够集中资金及人力进行推广，营销推广的人力、物力对于大多数个体农户而言是无法承受的。目前比较流行且效果比较好的推广及带货方式之中的直播及以短视频为主的内容运营都需要有专人去做。店铺需要选形象气质好、说话没有口音的人去做主播，内容方面需要有专人写视频的文案及图文推广的文案，视频内容方面需要有人去做拍摄及剪辑，这些都是大多数个体农户无法完独立成的。如果想要做一个大店甚至做一个品牌带动地区经济发展，走联合的道路，规模化、专业化运营的道路是一个非常不错的选择。

二、从店铺运营及利用社交平台进行推广的角度看

这里以淘宝为例，重点介绍新店铺的运营及推广的总体思路，其他电商平台的思路一致，具体后台的操作会有些许差异。

首先去淘宝网注册一家店铺，具体的操作步骤在这里不做详细介绍，在淘宝网找到“千牛卖家中心”，点击“免费开店”，然后

按照提示操作即可。如图 8–4 所示。

图 8–4 免费开店

对于新店而言最重要的就是破零，先得有基础销量别人才敢买，那种月销量十几单、几单甚至零的货品基本没人敢下单买。前期是一个花钱推广的过程，这里推荐前期通过淘客及淘宝以外的返利网站累计货品的基础销量。这一阶段每卖出一单就亏一单，因为在高额佣金及高额返利的情况下商家是没有利润空间的，甚至产品还要包邮白送。要明确这一阶段的目标是冲钻、销量破零、提升店铺的 DSR（卖家评分系统），如果店铺等级低，很多活动没法报名，销量低没人敢买，而 DSR 又是权重的基础。

下面给大家介绍如何找淘客及返利网站，如何联系他们让他们帮忙带货。

淘客排名网站：大淘客（图 8–5）、好单库（按领券量看淘客的带货能力），淘客低价做销量，然后涨价换 SKU（库存量单位），销量起来之后上直通车、淘抢购、超级推荐、大促会场资源，最后靠礼盒装赚钱。定期去大淘客、好单库整理每月淘客榜单，可以搜集同类目优质团长。以大淘客联盟为例，登录大淘客的官网之后，点击“选品库”，在选品库里搜索自己的类目，找排名靠前的商品。如图 8-6 所示。

图 8-5　大淘客

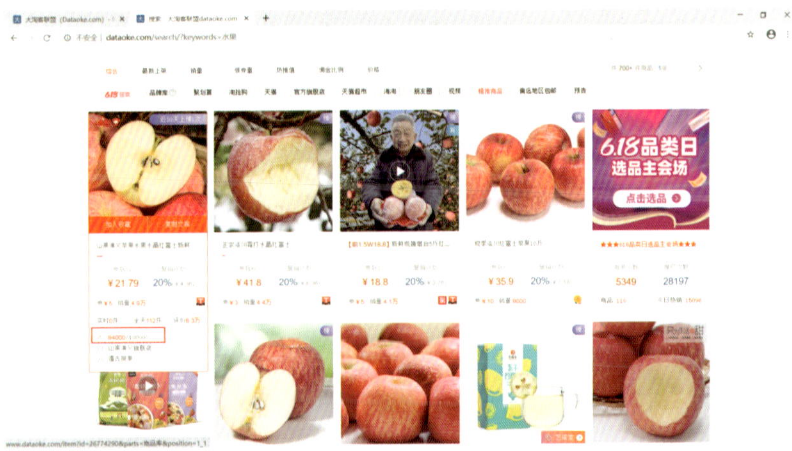

图 8-6　在大淘客联盟找排名靠前的商品

点击商品进入商品页面之后可以看到是哪个淘客在为该产品做推广，可以联系该淘客，跟淘客谈合作，另外注意，主动找上门的淘客，要么带货能力不行，要么就是骗子。

可以查看网站排名，从而推算出各家平台的带货能力。将导购返利排行榜平台的 APP 下载下来，看哪些可以做淘内导流，同时看活动形式，报名的话登录各返利网站的 PC 端官网找商家报名入口，找不到商家报名入口可以向平台客服询问商家报名方式。这里需要注意，一些大平台报名有店铺等级要求，要选择自己店铺能达到要求的返利平台。

值得注意的是，淘宝自己的试用中心是不计入宝贝销量和动态评分的，站外的试用类返利网站在投放时要注意防止职业的“羊毛党”。要开通审核买家的功能，买家以原价购买，提交订单编号、提交试用报告，最后再返现。查看试用报告要找那种有真实试用体验及配图、能引导购买的，另外在审核试用申请者时要优选地区，以控制邮费。

在店铺通过烧钱实现冲钻销量破零提升动态评分后，可以减少淘客的推广预算，开始做微博、抖音、快手、bilibili、知乎等的达人推广，及店铺自己在这些平台的账号运营。结合不同社交平台的特点运营店铺账号，同时开始注重店铺粉丝会员的招募。

下面会介绍一下各个主要平台的玩法，以及店铺粉丝会员的招募。

微博。渠道特征“图文＋视频＋直播”，“内容库入库＋购物车”。产品特征：穿搭、美妆、美食、日用、母婴。商家策略：“达人合作＋商家自营＋广告投放”。

抖音。渠道特征：短视频、信息流、直播，“内容库入库＋购物车”。产品特征：日用、服饰、食品、数码、美妆。商家策略：“达人合作＋商家自营”，广告投放抖音星图。内衣类不让推，化妆品、食品、保健膳食产品要校验，卖家要自己先测货品能不能挂购物车。

快手。渠道特征：“直播＋短视频”，带货。产品特征：食品、美妆、日用、个护、服装。商家策略：“达人合作＋商家自营”，广告投放快手快接单。

小红书。渠道特征：女性类社群，不可放链接，可放关键词，但是要保证关键词能搜到店铺。产品特征：美妆、穿搭、美食、减肥、旅游、商家策略、达人合作、小红书品牌合作人平台。小红书做得好，会体现在搜索流量上(可以将宝贝买家秀批量铺到小红书上)。

微信公众平台。渠道特征："服务号+订阅号+小程序"、私域流量多方式、多方式成交。产品特征：母婴、美妆、穿搭、减肥、日用。商家策略：达人合作。微信的作用在逐渐下降。

今日头条。渠道特征："新闻资讯+自媒体+问答""信息流广告+种草+直接"。产品特征：穿搭、日用、图书、美妆。商家策略："淘客合作+达人合作"、广告投放。

Bilibili。渠道特征：二次元ACG亚文化、视频e番剧、答题入会、弹幕视频、测评鬼畜、"内容库入库+购物车"。产品特征：数码、美食、美妆、穿搭、日用。商家策略：达人合作花火商单。视频是可以加挂购物车的，但这种形式不是主流。其他的带货方法有：视频口播推荐、评论区课代表总结。

什么值得买。渠道特征：单品、图文、测评、买家秀、优惠券，可直链淘宝客链接。产品特征：穿搭、数码、美妆、生活。商家策略：达人合作、商家自营。

知乎。渠道特征：问答咨询社区、高知人群，内容库可直链淘宝、软文广告。产品特征：美搭、美食、美妆、数码、家居。商家策略：达人合作、广告投放、商家自营。可以找达人或者自己去回答问题。

豆瓣。渠道特征：文艺青年、群组、电影生活，可淘口令、短链接。产品特征：穿搭、美妆、生活。商家策略：达人合作、商家自营。豆瓣总体的带货能力比较弱。

虎扑识货。渠道特征：运动、潮流，可直链淘客链接。产品特征：运动、潮流。商家策略："达人合作+淘客合作"。

三、店铺动态评分等级及基础销量起来后，利用多种方式提高店铺销量

店铺粉丝少就找达人直播，店铺粉丝多就自己播，粉丝不多不少就自己播加达人播结合。阿里 V 任务可以找到阿里的达人。店铺小就找底部主播（开通直播通等达人申请带货，做纯佣直播，单品需要给样品，做底部小主播）。低客单价的货品可以在大量直播间铺货。

利用粉丝到达率及往期效果鉴别主播的优质度，但是要考虑不同类目对到达率的影响。可以去“生意参谋—竞品—竞品分析”看货品月销，通过对比交易指数和直播时间判断直播是否为店铺带来了销量。

四、重视内容渠道运营

水果作为标品适合在各个社交平台做内容运营。可以利用农产品规模化的优势，产出优质的图文、短视频内容、vlog、直播内容等。在农产品开花及丰收的季节都可以作为素材内容，相应农产品的烹饪也可以作为素材内容。在保证优质内容的基础上可以选择将优质农产品的推广融入内容中，粉丝量达到一定量级后可以在各平台的自有账号为店铺直播带货。内容运营上，可以适当地在各社交平台上圈选美食博主的粉丝进行精准推广。内容运营是一个长期的过程，只有利用优质的内容涨粉之后，带货才会有销量。

五、店铺成熟的运营策略

店铺成熟之后开始报电商平台的各种会场资源，利用各电商平

台的数据分析工具，圈选精准人群，利用各电商平台的付费推广资源位进行推广。总体的推广策略为小活动投放有中高意向的人群，例如品牌的高频浏览人群、搜索人群、收藏加购人群、优质渠道的沉淀人群。大促期间前期除了中高意向人群之外，建议投放预算较多的情况下，以 30%~40% 的预算投放跨品类的拉新人群。具体拉新类目建议选择店与铺销售类目关联性最强的类目。

导入案例

农产品上行，拼多多模式成“神助攻”

社交电商拼多多的出现，或许提供了新思路。它以社交传播为依托的拼单模式，让消费者成为物美价廉好产品的“自来水”，通过“邀请亲朋好友拼着买”的免费口碑营销，为产品销量带来了裂变式的增长。

拼多多“阎老西儿”山西特产店，就是拼多多助农扶贫的经典案例之一，店主巩文斌是山西静乐县的一名大学生村官。受到朋友发来的拼多多链接的启发，他决定到拼多多上开店，用社交拼单的方式推销“丰产不丰收、贱价卖仍没人要”的当地特产——黄河滩枣。

在这场轰轰烈烈的拼多多公益助农行动中，“阎老西儿”山西特产店共售出 2 000 余吨滩枣，巨大的销量成功帮助多个县的枣农摆脱了困境。

本章小结

本章先介绍了社交电商的现状，结合京喜、贝店、未来集市、云集，对主流的社交电商模式进行了介绍和分析。之后分析了社交电商的优势，以及未来的发展趋势。最后结合农产品以及店铺在不同阶段如何利用社交电商的运营策略给出较为具体的操作方案，最后给出了农产品社交电商的具体案例。